난나의
매출 100배 높이는
상세페이지 기획하기

**난나의
매출 100배 높이는
상세페이지 기획하기**

초판 1쇄 2023년 2월 13일

지음 난나
발행인 한창훈
발행처 루비페이퍼
등록 2013년 11월 6일 제 385-2013-000053호
주소 경기도 부천시 원미구 길주로 284 913호
전화 032-322-6754
팩스 031-8039-4526
홈페이지 www.RubyPaper.co.kr
ISBN 979-11-86710-97-5
바코드 9791186710975 13000

기획편집 엘리

이 책은 저작권법에 따라 보호받는 저작물이므로 무단 전재와 무단 복제를 금하며,
이 책 내용의 전부 또는 일부를 이용하려면 저작권자와 루비페이퍼의
서면 동의를 받아야 합니다.
책값은 뒤표지에 있습니다.
잘못된 책은 구입하신 곳에서 바꾸어 드립니다.
일센치페이퍼는 루비페이퍼의 인문 단행본 출판 브랜드입니다.

난나의 매출 100배 높이는 상세페이지 기획하기

시선 집중시키는 스토리텔링부터
빠져드는 이벤트까지!
매출 100배 높이는 **상세페이지 가이드북**

난나 지음

저자의 말

**이 책은 단순히 상세페이지 예쁘게 만드는 방법을
알려주는 책이 아닙니다.**

많은 대표님이 상세페이지가 제품 판매에 어떤 역할을 하는지는 알고 있지만, 정작 퀄리티에 크게 신경 쓰진 않습니다. 그 이유는 3가지 착각 때문입니다. **첫 번째는 유명 브랜드나 상위 노출된 스토어는 제품 설명만 나열한 수준의 상세페이지로도 판매율이 높다는 것입니다.** 이를 보고 상세페이지가 그렇게 큰 역할을 하지 않는다는 착각에 빠지게 됩니다. 그러나 유명 브랜드는 브랜드 이름만으로도 고객의 '신뢰'를 받고 있으며 상위 노출 스토어는 노출된 수만큼 판매량이 높을 수밖에 없다는 사실을 간과해선 안 됩니다.

물론 상위 노출이 되었다고 무조건 잘 팔리는 것은 아닙니다. 이것이 우리가 빠지기 쉬운 두 번째 착각입니다. 당연히 상위 노출이 되면 그 아래 순위에 있는 스토어에 비해선 클릭률이 높아지므로 제품이 팔릴 확률도 높아집니다. 하지만 그만큼 마케팅 비용이 들기 마련이고, 인지도가 높지 않은 이상 고객은 제품의 퀄리티를 확인할 수단으로 상세페이지를 유심히 볼 수밖에 없습니다. 이때 상세페이지에서 매력을 느끼지 못하면 고객은 이탈하게 되죠. 실제로 저에게 컨설팅을 의뢰했던 기업 중 상위 노출이 되었음에도 상세페이지로 정보 전달을 제대로 하지 못해 구매전환율이 낮은 경우가 있었습니다.

세 번째 착각은 상세페이지는 단순히 예쁘면 된다는 것입니다. 이런 착각에서 비롯된 다음 행동이 디자인을 잘하는 업체에 큰 돈을 들여 상세페이지 제작을 의뢰하는 것입니다. 하지만 고객이 지갑을 여는 상세페이지는 '예쁜' 상세페이지가 아닙니다. 고객의 입장에서 궁금해 할 만한 제품 설명이 얼마나 잘되어 있는지, 제품의 장점을 얼마나 잘 전달하는지 등 '기획'이 잘된 상세페이지입니다. 이 책을 보는 분들은 적어도 상세페이지 제작에 불필요한 비용을 많이 들이지 않았으면 하는 바람입니다.

저 또한 처음 사업을 시작했을 때 유명 브랜드의 상세페이지를 그대로 따라한 적도 있고 상위 노출을 하려 애를 써본 적도 있었지만 좋은 결과로만 이어지진 않았습니다. 방법을 찾기 위해 컨설팅을 받고 강의를 듣고, 책을 읽으면서 깨달은 것이 **마케팅의 끝은 상세페이지**라는 것이었습니다. 그렇게 매력 있는 상세페이지를 찾아 분석을 하면서 그들에겐 공통점이 있다는 것을 알게 되었습니다. 이 과정에서 탄생한 것이 **7단계 타워 밸런스**입니다. 7단계 타워 밸런스란, 매력적인 상세페이지를 구성하기 위한 전략으로, 자세한 내용은 이 책 전반에 걸쳐 하나씩 살펴볼 예정입니다.

이 책은 막연히 판매율을 높이는 법을 알려 주는 책이 아닙니다. 또 예쁜 상세페이지를 만드는 법을 알려 주는 책도 아닙니다. 여러분의 제품을 제대로 그리고 매력적으로 전달해 궁극적으로는 판매율과 연결되는 상세페이지를 기획·제작하는 법을 알려드릴 것입니다. 따라서 이런 분께 이 책을 추천드립니다.

1. 제품 노출은 되지만 구매전환율이 낮아 고민인 분
2. 높은 비용을 들여 상세페이지를 제작했지만 판매로 연결되지 않는 분
3. 온라인 사업이 처음인 분
4. 상세페이지를 어떻게 제작해야 하는지 모르는 분
5. 내 제품을 매력적으로 어필하고 싶으신 분

핵심 용어 & 난나의 QnA 모아 보기

핵심 용어 모아 보기

용어	페이지	용어	페이지
제품의 수명 주기	37	마감 효과	101
가격 조사	39	문제 제기	105
유입 경로	44	스토리텔링	121
벤치마킹	49	비교하기	145
타깃	69	브랜드 스토리	168

난나의 핵심 QnA 모아 보기

파트	난나의 QnA	페이지
PART 0	빅파워 등급이 뭐예요?	21
PART 2	[타겟팅 대상]에는 어떤 옵션이 있나요?	90
	클로바 메시지 마케팅이 뭐예요?	94
	문제 제기가 효과적인 제품군이 따로 있나요?	114
	제품 사진만으로 어떻게 문제 해소를 할 수 있나요?	117
PART 3	평점이 낮은 리뷰는 어떻게 확인할 수 있나요?	122
	공감대를 형성할 때는 무엇에 주의해야 하나요?	128
	'프레임 속도(FPS)'가 뭐예요?	141
	4MB 이하인 gif는 해상도가 너무 떨어지지 않나요?	144
	가독성을 높이려면 어떻게 해야 하나요?	152
	긴 상세페이지 vs 짧은 상세페이지	172

이 책의 구성

상세페이지 기획 크리에이터 '난나'가 알려 주는
매출 100배 높이는 상세페이지 타워 밸런스 7단계

단계별로 차근차근 따라해 보세요!

준비

기획 준비하기
4가지 매출 조건과 유입 & 구매 경로

0층
타깃 설정하기
"누구에게 팔 것인가?"

1층
제품 자랑하기
"자랑도 잘 해야 자랑이다"

2층
이목을 끄는 이벤트
"스토어찜, 소식알람 쿠폰 제대로 써먹기"

3층
구매 욕구를 부르는 문제 제기하기
"살까말까 할 때는 확 끌어당겨라"

4층

공감할 수 있는
스토리텔링

"상세페이지에도
커뮤니케이션이
필요하다!"

5층

핵심 가치
제대로 어필하기

"고객 중심으로
사고해야
핵심 가치를
끌어낸다"

6층

리뷰로
설득하기

"고객은 반드시
'리뷰'를 본다"

7층

브랜드
스토리

"스토리가 있는
브랜드는
오래 간다"

사장님이라면 꼭! 알아야 할 사이트 모음.zip

저작권 무료 이미지 사이트

픽셀스 pexels.com/ko-kr
픽사베이 pixabay.com
언스플래시 unsplash.com
푸디스피드 foodiesfeed.com
스톡스냅 stocksnap.io
카붐픽스 kaboompics.com
페이퍼스.코 papers.co
픽점보 picjumbo.com
모그파일 morguefile.com

유료 저작권 이미지 사이트

셔터스톡 shutterstock.com
어도비스톡 stock.adobe.com

상세페이지 제작 사이트

미리캔버스 miricanvas.com
망고보드 mangoboard.net

상세페이지 제작 외주 사이트

크몽 kmong.com
네이버쇼핑 shopping.naver.com
숨고 soomgo.com

체험단 사이트

레뷰 biz.revu.net

링블 ringble.co.kr

서울오빠 seoulouba.co.kr

리뷰플레이스 reviewplace.co.kr

파블로체험단 powerblogs.kr

블로그원정대 blog.naver.com

클라우드리뷰 cloudreview.co.kr

에코블로그 echoblog.net

리뷰통 reviewtong.co.kr

디너의여왕 dinnerqueen.net

체험뷰 chvu.co.kr

택배의여왕 tqueens.net

티블 tble.kr

블로그체험단 픽미 biz.pick-me.kr

오마이블로그 ohmyblog.co.kr

기타

EZGIF ezgif.com

네이버 데이터랩 datalab.naver.com

네이버 스마트스토어센터 sell.smartstore.naver.com

차례

PART 0
상세페이지 하나 바꿨을 뿐인데

상세페이지로 매출 100배 올리기 017

'7단계 타워 밸런스'를 제대로 써먹는 방법 027

PART 1
탄탄한 기반을 다지는 준비 단계

온라인 스토어의 기본, 매출 조건 4가지 031
- 매출 조건 1. 좋은 아이템 031
- 매출 조건 2. 가격 038
- 매출 조건 3. 적합도·인기도·신뢰도 040
- 매출 조건 4. 상세페이지 042

고객은 어떻게 제품을 만날까? 유입 경로와 구매 경로 044
- 유입 경로를 확인하는 방법 1 047
- 유입 경로를 확인하는 방법 2 048

끌리는 상세페이지는 기획 순서부터 다르다 049
- 1. 경쟁 업체 벤치마킹 049
- 2. 타 카테고리 업체 벤치마킹 050
- 3. 기획서 작성 051
- 4. 이미지 자료 수집 052
- 5. 상세페이지 제작 & 디자인 058

PART 2
구매전환율을 높이는 상세페이지, 7단계 타워 밸런스

0층. 타깃 설정하기 069
- 판매할 제품 학습하기 070
- 데이터를 활용한 연령별, 성별 타깃 조사하기 071

1층. 제품 자랑하기 074
- '등수, 누적 판매량, 평점' 수치로 자랑하기 074
- 수상 내역 자랑하기 077
- 광고 반응 자랑하기 078
- 효과적으로 자랑하는 방법, 영상 활용하기 080

2층. 이목을 끄는 이벤트 085
- 1. 스토어찜, 소식 알림 쿠폰 086
- 2. 포토 리뷰 096
- 3. "3개 구매 시 1개가 더!" 증정 이벤트 099
- 4. 참여율을 높이는 제한하기 101

3층. 구매 욕구를 부르는 문제 제기하기 105
- 불편을 짚어내는 문제 제기의 예시 106
- 고객도 미처 몰랐던 불편을 발견하는 법 108
- 전략적 배치로 효과 극대화하기 114

PART 3
스토리텔링과 브랜딩으로 차별화된 상세페이지

4층. 공감할 수 있는 스토리텔링 121
- 1. 경쟁 업체의 평점 낮은 리뷰 살펴보기 122
- 2. 단어잇기로 스토리 확장하기 124

5층. 핵심 가치 제대로 어필하기 130
- 1단계. 리뷰에서 핵심 가치 찾기 130
- 2단계. 머릿속에 콕! 박히는 핵심 가치 반복하기 132
- 3단계. 문장 다이어트 134
- 4단계. 클릭을 부르는 동영상, gif 활용하기 136
- 5단계. 핵심 가치 비교하기 145

6층. 리뷰로 설득하기 155
- 리뷰어의 정보를 공개하라 155
- '좋은 리뷰'는 전략적으로 강조하라 157
- '좋은 리뷰'를 유도하라 160
- 협찬을 활용하라 164

7층. 브랜드 스토리 168

하늘정원. 7단계 타워 밸런스 그 이후 174
- 잘 만든 상세페이지도 '노출'이 필요하다 174
- 내 제품에 맞는 탑 쌓기 175

찾아보기 177
감사의 말 181

PART
0

상세페이지 하나
바꿨을 뿐인데

여러분은 상세페이지가 제품이 판매되기까지의
여정에 어느 정도 영향을 미친다고 생각하시나요?
본격적으로 시작하기 전에 상세페이지 하나로
바뀌기 시작한 매출과 저의 경험을 통해 상세페이지의 중요성을 알려드릴게요.

PART 0
상세페이지 하나 바꿨을 뿐인데

☐ 상세페이지로 매출 100배 올리기

☐ '7단계 타워 밸런스'를 제대로 써먹는 방법

상세페이지로 매출 100배 올리기

**마이너스로 시작한 사업,
상세페이지 하나로 위기 탈출하기**

2020년 2월, 난생처음 스마트스토어를 시작했습니다. 당시 저는 컴퓨터에도 익숙하지 않았고 온라인 쇼핑을 즐겨 하지도 않아 스마트스토어가 뭔지조차 몰랐죠. 그런 저에게 온라인 사업을 권한 사람은 저희 어머니셨습니다. 물론 처음엔 반대를 했습니다. 보통 사업이라는 것은 몇 천, 몇 백 아니 몇 십만원이라도 가지고 시작을 해야 되는데 당시 저희는 빚이 많아 마이너스로 시작해야 했기 때문입니다. 계속 고민을 하는 저에게 어머니는 이렇게 말씀하셨습니다.

"한나야. 몇 천도 빚이고, 몇 억도 빚이야. 직장을 다니면 꾸준히 수익은 있겠지만 이 빚을 언제 다 갚을지 막막할 거야. 물론 사업을 하면 빚이 더 늘 수도 있어. 하지만 성공하면 그만큼 빛을 발하겠지. 끝까지 포기하지 않고 달려본다는 마음으로 시작해 보자."

이 말을 듣고 저는 사업을 결심했습니다. 물론 준비 단계부터 쉽지 않았습니다. 컴퓨터에 익숙하지 않았던 저는 키워드 찾는 방법은 당연히 몰랐고, 상세페이지며 고객 데이터며 모든 게 낯설기만 했으니까요. 그럼에도 내 손으로 좋은 브랜드를 키우고 싶은 마음에 직접 OEM^{Original}

Equipment Manufacturer, 즉 위탁 생산으로 제품을 제작히고 스마트스토어로 판매하기 시작했습니다.

하지만 문제는 그 이후부터였습니다. 이렇게 애써 준비한 제품을 고객에게 전달하는 과정이 가장 큰 산이었죠. 특히 상세페이지는 디자인의 디근도 모르던 저에겐 막연하게 보이기만 했습니다. 일단 해보자는 생각에 포토샵 책 한 권을 구매해 완성한 저의 첫 상세페이지는 이렇습니다.

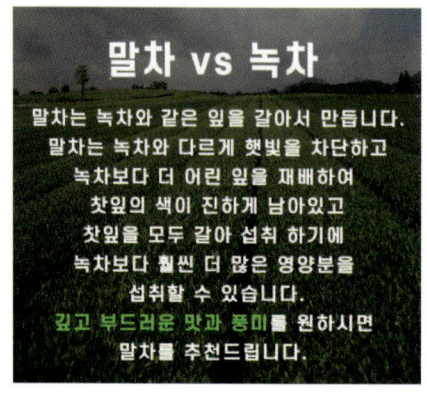

생애 첫 상세페이지

지금 보기엔 많이 부족하지만, 당시엔 이 상세페이지를 제작하는 데 무려 일주일이라는 시간을 들였습니다. 또, 나름대로 첫 작품이란 생각에 혼자 뿌듯하기까지 했죠.

당시 초보 판매자였던 저는 이제 이대로 팔기만 하면 된다는 생각에 스마트스토어에 제품을 올리고 팔리기만을 기다리고 있었습니다. 그렇게 제품을 등록하고 하루, 이틀… 처음 가졌던 설렘은 불안과 초조로 바뀌었습니다. 며칠 뒤에서야 들어온 첫 주문조차 지인의 구매였죠. 당시 저의 매출을 이러했습니다.

전체	전체	489,610
2020-04-30	목	58,600
2020-04-29	수	17,400
전체	전체	360,900
2020-05-31	일	17,600
2020-05-29	금	26,400
전체	전체	201,700
2020-06-23	화	15,800
2020-06-20	토	15,800

2020년 4~6월 매출

마이너스로 시작한 사업, 생계를 이어가기 어려울 정도의 수익에 지금까지 말도 안 되는 기대를 걸어왔던 제 자신이 원망스러웠고 삶의 의욕까지 떨어지기 시작했습니다. 20대 후반이면 직장에 정착해서 승진도 하고 차곡차곡 앞으로의 삶을 그릴 나이인데, 지금까지 나는 아무것도 쌓은 게 없다는 자괴감에 빠져 좌절만 하는 나날이 이어졌습니다. 그런 저에게 어머님이 이왕 시작한 거 망할 땐 망하더라도 해볼 건 다 해보고 포기해야 후회하지 않을 거라며 설득하셨고 저는 다시 한번 대출을 받아서까지 마련한 자금으로 여러 강의와 고가 컨설팅을 신청했습니다.

컨설팅에서 받은 첫 질문은 "이 제품은 안 팔리지 않나요?"였습니다. 이 말에 당시 저는 큰 충격을 받았습니다. 지금까지 고객이 원하는 제품이 아닌 내가 원하는 제품을 판매했다는 사실을 깨달았기 때문입니다. 그때서야 팔리는 아이템은 따로 있고, 그것을 배워야 한다는 걸 알았습니다. 너무 당연한 사실임에도 간과하고 있었던 거죠. 컨설팅에서 받은 또 하나의 충격은 바로 '매력 없는 상세페이지'라는 평가였습니다. '상세페이지에 매력이 필요한가? 정보만 잘 전달하면 되지 않나?'라던 안일한 생각이 무너져 내렸죠.

그렇게 컨설팅 이후 제가 뜯어 고치기 시작한 건 이 2가지였습니다. 고객이 원하는 '팔리는 제품' 그리고 '매력적인 상세페이지'였죠. 물론 이 과정에 수없이 많은 시행착오가 있었습니다. 판매가 아예 안 된 제품도 있었고, 어쩌다 한두 개 팔리는 제품도 있었죠. 그렇게 시장성을 몸으로 느끼면서 고객이 원하는 제품을 찾기 시작했습니다. 그런 다음 집중한 것은 상세페이지였습니다. 실제로 이 2가지를 바꾼 뒤 월 매출이 100배 상승했습니다. 이렇게 스마트스토어 등급은 '새싹'에서 '파워'로 상승했고 바로 다음 달에 '빅파워'를 달성하게 되었습니다.

전체	전체	3,777,200
2020-08-31	월	17,700
2020-08-30	일	47,900
전체	전체	17,953,300
2020-09-30	수	741,400
2020-09-29	화	704,800
전체	전체	29,560,800
2020-10-31	토	865,300
2020-10-30	금	636,300

2020년 8~10월 매출

난나의 QnA | 빅파워 등급이 뭐예요?

빅파워 등급이란 네이버 스마트스토어의 판매자 등급으로, 3개월간 1일부터 말일까지 구매 확정된 건수, 판매 금액, 서비스 평가를 책정해 매기는 등급입니다. 기본 '씨앗'부터 시작하며 '파워' 등급은 판매 건수 300건 이상, 판매 금액은 800만 원 이상, '빅파워' 등급은 판매 건수 500건 이상 판매 금액 4천만 원 이상 기준입니다.

등급표기		필수조건		
등급명	아이콘 노출	판매건수	판매금액	굿서비스
플래티넘		100,000건 이상	100억원 이상	조건 충족
프리미엄		2,000건 이상	6억원 이상	조건 충족
빅파워		500건 이상	4천만 이상	-
파워		300건 이상	800만원 이상	-
새싹	-	100건 이상	200만원 이상	
씨앗	-	100건 미만	200만원 미만	

스마트스토어의 판매자 등급

'빅파워'를 달성한 데에 상세페이지가 적잖은 영향을 미쳤다는 것을 깨달은 것은 실제 많은 고객의 '상세페이지에 이끌려 왔다'는 리뷰와 타 스마트스토어를 운영하는 대표님들로부터 상세페이지를 어떻게 제작하느냐는 문의 메일을 받은 후였습니다. 그리고 무엇보다 같은 제품에 상세페이지만 바꿨을 뿐인데 매출이 눈에 띄게 상승했다는 것이 그 증거였습니다.

제가 상세페이지를 제작할 때 집중한 것은 단 3가지였습니다.

1. 전문 모델과 예쁜 디자인에 집중하지 않는다.
2. 제품의 장점을 모두 전달할 수 있도록 길이를 의도적으로 줄이지 않는다.
3. 쉽게 읽히고 흥미롭게 보이도록 구성한다.

이 경험으로 제가 깨달은 것은 디자인이 뛰어나지 않아도 매력 있는 상세페이지는 구매전환율을 높인다는 것이었습니다. 그렇게 직접 분석한 데이터를 활용해 저만의 공식을 만들었고 그렇게 탄생한 것이 이 책에서 살펴볼 상세페이지 **7단계 타워 밸런스**입니다. "공들여 쌓은 탑은 아무리 시간이 흘러도 흐트러지지 않는다."는 말에서 착안해 탄탄하게 한 단계씩 상세페이지를 쌓는다는 뜻으로 지은 이름이죠.

실제로 이 공식이 효과가 있는지 검증하기 위해 마침 새롭게 개설한 스마트스토어의 제품 상세페이지에 적용해 보았습니다. 당시 한 달이라는 짧은 시간에 5개의 상세페이지가 필요했기 때문에 시간적 여유는 부족한 상황이었습니다. 각기 다른 매력이 있으면서도 효율적으로 제작하기 위해선 전략이 필요했죠. 그렇게 저는 1가지 제품으로 기획을 한 다음

나머지 제품은 문구나 구성을 똑같이 쓰되 각 제품에 어울리는 공감 스토리를 마련하는 방식을 취했습니다(이는 앞으로 여러분에게 알려드릴 7단계 타워 밸런스의 일부 규칙을 적용한 방식이기도 합니다).

그렇게 새로운 스마트스토어를 개설한 지 3개월만에 또 한번 '빅파워'를 달성했습니다. 기존에 운영하던 스토어의 매출도 수직 상승하기 시작해 하루 1천만 원을 찍기도 하면서 매출 1억 원을 달성했죠.

하루 매출 1천만 원 달성

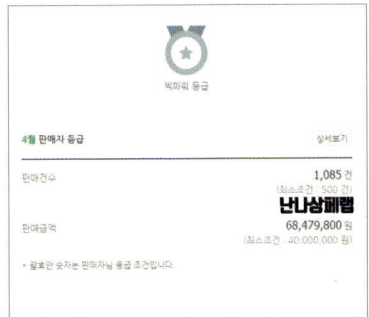 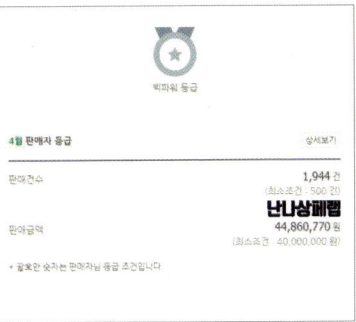

3개월만에 '빅파워' 등급에 오른 새로운 스마트스토어

7단계 타워 밸런스의 효과는 매출 상승에 그치지 않았습니다. 이후 운좋게 많은 도움을 받아 온라인 강의 플랫폼에서 상세페이지 기획 크리에이터로 활동을 시작했고 이 강의의 커리큘럼을 구성할 때도 7단계 타워 밸런스를 적용했습니다. 그렇게 오픈한 지 이틀만에 얼리버드 1, 2차 완판을 달성하고 한 달만에 완강률 TOP 수상 클래스에 선정되기도 했죠. 믿기지 않을 정도의 결과였고, 오로지 7단계 타워 밸런스로 구성한 '상세페이지' 하나로 얻은 쾌거였습니다.

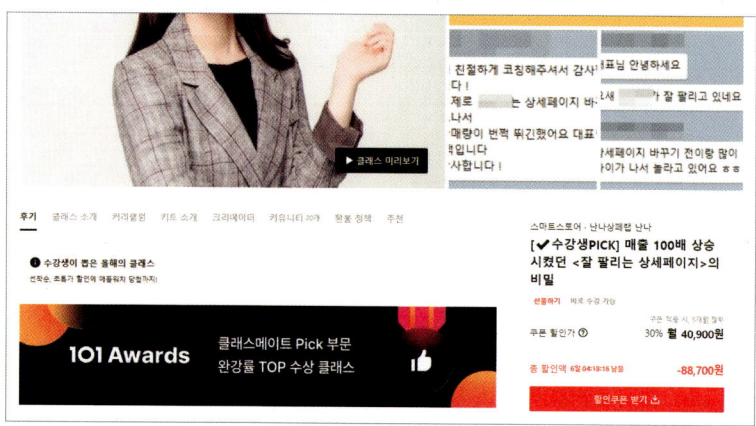

7단계 타워 밸런스를 적용해 오픈한 온라인 강의

그렇게 시작한 강의에서 또 한번 7단계 타워 밸런스의 효과를 입증한 셈입니다. 실제로 제 강의를 수강하고 컨설팅을 받은 대표님들로부터 매출이 최대 20배까지 상승했다는 피드백을 받기도 했죠. 매출뿐만 아니라 '빅파워'를 달성한다거나 상위 노출이 된다거나 크라우드 펀딩 플랫폼에서 펀딩에 성공한 사례도 있었습니다.

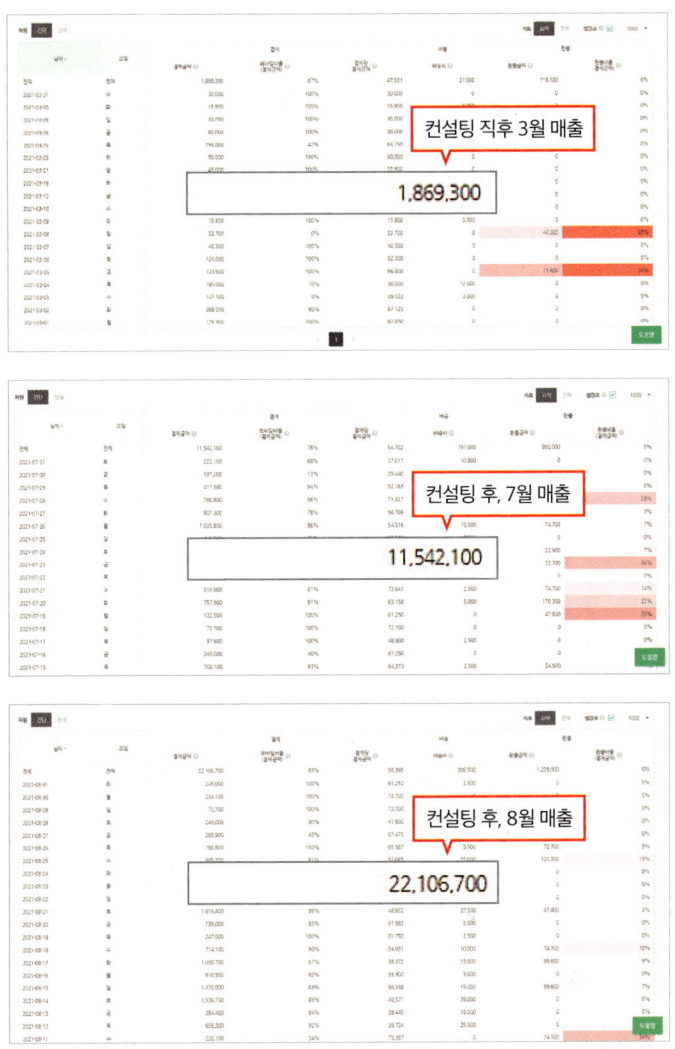

'난나상페랩'에서 컨설팅받은 한 스토어의 3개월간 매출 변화

혹시 이 이야기들이 아직은 너무 멀게만 느껴지시나요? 내 스토어에도 이런 일이 벌어질 거라는 게 믿기지 않으시나요? 7단계 타워 밸런스는 세상에 없던 완전히 새로운 공식이 아닙니다. 가만히 있기만 해도 저절

로 매출이 오르는 기적의 공식도 아니죠. 다만 한 층 한 층 상세페이지라는 탑을 쌓는 방법을 알려드리는 체계화된 방법론입니다. 여러분의 공든 탑은 어떤 모양으로 쌓을 수 있을지 저를 믿고 따라와 보세요. 분명 놀라운 변화를 경험하실 것입니다.

'7단계 타워 밸런스'를 제대로 써먹는 방법

7단계 타워 밸런스는 '이렇게' 사용하면 성공 확률을 높일 수 있다!

"명확한 목표에는 명확한 계획이 수반되어야 하고,
그 계획을 이루기 위해서는 그에 맞는 실행이 수반되어야 한다."

《나폴레온 힐 부자 수업》이라는 책의 한 구절입니다. 아무리 좋은 정보를 가지고 있고 값비싼 컨설팅을 들어도 실패하는 사람들의 공통점이 있습니다. 바로 **실행력**입니다. 국가를 막론하고 전 세계 부자들이 공통적으로 말하는 성공한 사람들의 특징이 바로 이 실행력입니다. 성공의 길은 곧 실행력과 직결된다고 봐도 무방할 것입니다. 하지만 알고 있어도 하기 어려운 것이기도 하죠. 실제 제 컨설팅을 듣고 실행하는 사람은 20% 미만에 불과했습니다. 같은 컨설팅을 들어도 누군가는 매출 20배, 100배를 높였지만 누군가는 사업을 접기도 했죠.

이 책의 전체에 걸쳐 다룰 7단계 타워 밸런스에는 팔리는 상세페이지의 비밀을 담아 두었습니다. 하지만 실행하지 않으면 이 비밀은 내 것이 아니겠죠. 이를 실행하느냐 아니냐의 차이로 이 책의 가치는 마이너스가 될 수도 있고 몇 억이 될 수도 있습니다. 따라서 이 책의 가치를 높일, 여러분의 매출을 100배까지도 높일 이 책의 사용법을 알려드리겠습니다.

1 먼저 가벼운 마음으로 이 책을 끝까지 읽으세요.

2 두 번째로 이 책을 펼쳤을 땐 타워 밸런스의 각 단계에서 다루는 중요한 내용에 밑줄을 긋고 포스트잇을 붙여 표시해 주세요.

3 1주일에 최소 1~2개 이상 잘 팔리고 매력적인 상세페이지를 찾아 보세요. 그리고 이 상세페이지의 매력적 요소 중 책에서 다루는 내용과 일치하는 부분과 다른 부분을 유심히 찾아 보세요.

4 상세페이지를 기획-제작할 때 책에 붙여 둔 포스트잇을 참고해 7단계 타워 밸런스에 맞게 기획해 보세요.

> **TIP** 연습 삼아 위탁 상품 하나를 선택해서 모의 제작을 해보는 것도 큰 도움이 됩니다.

상세페이지를 직접 디자인하지 않더라도 기획 단계까진 꼭 이 순서를 따라 여러 차례 반복하길 권합니다. 꾸준히 한다면 언젠간 여러분의 상세페이지에 이끌려 제품을 눈여겨보는 고객이 느는 경험을 할 것입니다.

PART 1

탄탄한 기반을 다지는 준비 단계

상세페이지를 기획-제작하기 앞서
기반을 탄탄하게 다지기 위해선 여러 가지 준비가 필요합니다. PART 1에선
준비 운동을 위해 온라인 스토어의 기본인 4가지 매출 조건과 고객이 우리 제품을
발견하고 유입되는 과정과 구매하는 과정 그리고 상세페이지를 기획하는 순서를
알아보겠습니다.

PART 1
탄탄한 기반을 다지는 준비 단계

☐ 온라인 스토어의 기본, 매출 조건 4가지

☐ 고객은 어떻게 제품을 만날까? 유입 경로와 구매 경로

☐ 끌리는 상세페이지는 기획 순서부터 다르다

온라인 스토어의 기본, 매출 조건 4가지

팔리지 않는 제품, 과연 상세페이지가 원인일까?

"아무래도 상세페이지에 문제가 있어서 판매가 안 되는 것 같아요!"

'난나상페랩'을 운영하면서 가장 많이 들은 말 중 하나입니다. 그러나 실제로 분석을 해보면 상세페이지에만 문제가 있는 경우는 많지 않습니다. 아이템, 키워드 등등 여러 문제가 복합적으로 작용하는 경우가 대부분이죠. 많은 분이 '상세페이지만으로 매출 100배 증가'라는 문구를 보면 상세페이지'만' 바꾸면 매출이 상승할 거라 생각합니다. 하지만 잘 팔리는 제품, 높은 매출의 비결엔 상세페이지만 있는 것이 아닙니다. 그렇다면 높은 매출에는 어떤 것들이 필요할까요? 온라인 스토어를 운영한다면 기본적으로 염두에 두어야 할 매출 조건 4가지를 하나씩 살펴보겠습니다.

매출 조건 1. 좋은 아이템

매출의 첫 번째 조건은 좋은 제품, 즉 **좋은 아이템**입니다. 좋은 아이템이 필요하단 건 누구나 잘 알고 있습니다. 그렇다면 좋은 아이템이란 도대체 무엇일까요. 품질이 좋은 아이템일까요? 아니면 판매자가 좋은 경험을 했던 아이템일까요? 또는 다른 스토어에서 판매량이 높은 아이템일까요? 당연히 이 모든 조건을 갖추면 좋은 아이템이라고 할 수 있습니다. 그러나 결론적으로 **팔리는 아이템**이 곧 좋은 아이템입니다.

팔리는 아이템이란 내가 좋아하는 제품이 아니라 고객이 좋아하고 많이 찾는 제품입니다. 하지만 그런 제품을 찾기란 생각보다 쉽지 않죠. 그래서 많은 사람이 좋은 제품이란 단순히 품질 좋은 제품이라 생각합니다. 실제 스토어를 둘러 보면 품질이 높지 않은데도 불티나게 팔리는 아이템이 있는 반면 품질이 무척 좋은데도 잘 팔리지 않는 아이템이 있습니다. 즉, 품질과 판매량은 반드시 비례하지 않는다는 뜻입니다.

많은 판매자가 내 아이템의 품질에 자신감을 갖고 있을 것입니다. 하지만 그것이 판매와 직결되지 않는다는 걸 깨달았을 때 많이 당황하죠. 아무리 품질이 좋아도 팔리지 않는 아이템은 크게 2가지 이유가 있습니다.

1. 검색량이 낮은 아이템
2. 판매량이 낮은 아이템

그렇다면 팔리는 아이템은 어떻게 찾을 수 있을까요? 앞서 본 팔리지 않는 아이템을 피하고 팔리는 아이템을 찾는 것입니다. 바로 데이터로 말이죠. 물론 직접 여러 스토어를 둘러 보면서 찾아봐도 좋지만 효율적인 방법이 있습니다. 이미 데이터를 가지고 있는 분석 사이트를 활용하는 것입니다. 분석 사이트는 무척 다양하지만, 국내에서 가장 활발한 네이버 스마트스토어를 운영한다면 네이버의 **데이터랩**DataLab과 **키워드 도구**를 이용하는 것이 좋습니다.

데이터랩은 네이버가 가지고 있는 자체 데이터를 이용해 그래프와 검색 수 추이 등을 분석할 수 있는 서비스입니다. 데이터랩에서 팔리는 아이템을 찾을 때는 다음과 같은 경로로 데이터를 확인할 수 있습니다.

> **TIP** 데이터랩으로 이동하려면 datalab.naver.com을 주소창에 입력하거나 네이버에서 "데이터랩"을 검색하세요.

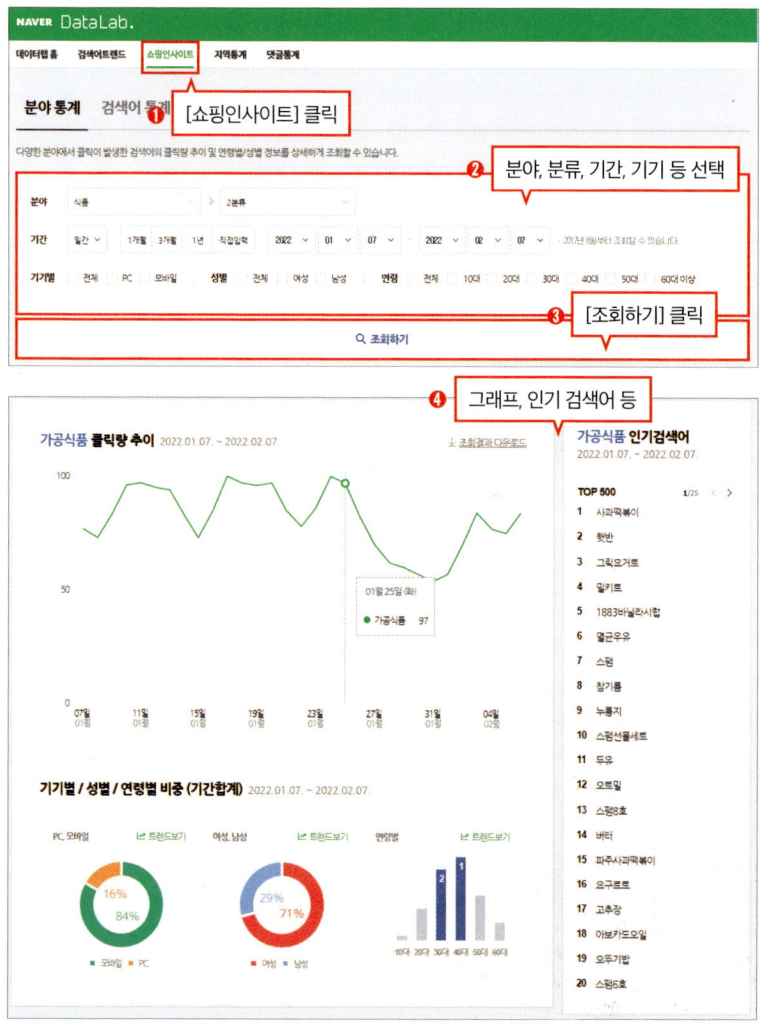

'데이터랩'에서 아이템 검색하는 방법

데이터랩의 상단 메인 메뉴 중 **[쇼핑인사이트]**를 클릭하면 카테고리별 인기 제품 500개, 제품별로 선호하는 기기별/성별/연령별 비중을 그래프로 확인할 수 있습니다. 이 중 인기 제품 500개는 요즘 고객이 많이 찾는 제품으로, '팔리는 아이템'의 실마리를 여기서 찾을 수 있습니다.

그 아래 기기별/성별/연령별 그래프는 타깃 고객을 설정하는 데 도움이 됩니다. 별것 아닌 것처럼 보이지만, 이 그래프를 놓치면 타깃 고객 설정 오류가 생겨 공감도 일으키지 못하고 구매전환율도 높아지기가 어렵습니다.

키워드 도구 역시 네이버에서 제공하는 서비스로, 데이터랩에서 원하는 아이템을 찾은 다음 활용하는 것이 좋습니다. 키워드 도구는 네이버 스마트스토어센터(sell.smartstore.naver.com)에서 확인할 수 있습니다. 스마트스토어센터 상단 메뉴 중 [네이버 광고 → 검색 광고]를 클릭해 검색 광고 페이지로 이동하면 화면 오른쪽에서 **[키워드 도구]**를 발견할 수 있습니다.

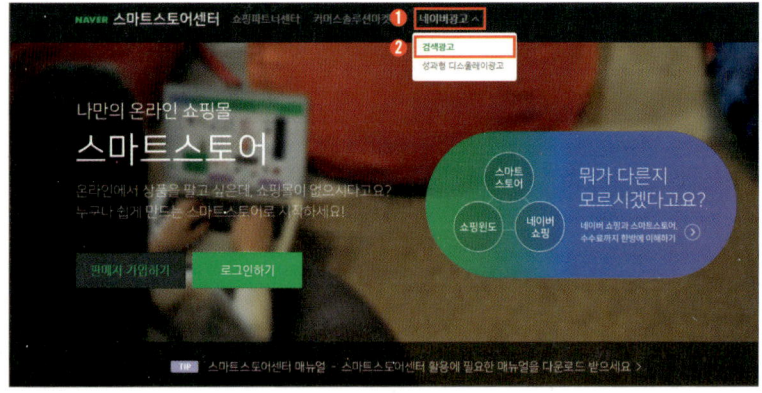

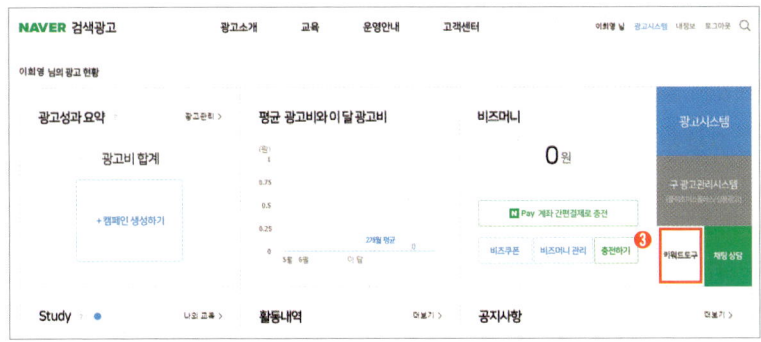

네이버 스마트스토어센터의 키워드 도구

키워드 도구 페이지에서 앞서 데이터랩에서 선택한 아이템을 입력하고 [조회하기]를 누르면 해당하는 키워드의 **검색 수 추이**를 확인할 수 있습니다. 검색량을 보면 고객이 어떤 키워드로 검색을 많이 하는 지 확인할 수 있어 아이템 소싱은 물론이고 제품명을 작성할 때도 큰 도움을 받을 수 있습니다.

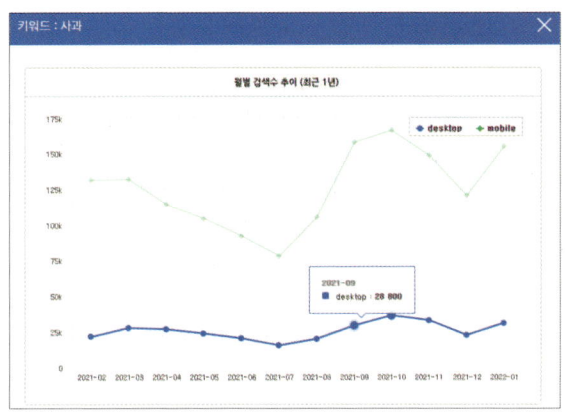

온라인 스토어의 기본, 매출 조건 4가지 035

검색수 추이뿐만 아니라 세부 키워드도 확인할 수 있습니다. 여기서 한 가지 팁을 얻자면 검색량은 많고 경쟁 제품 수가 적은 키워드를 찾는 것이 좋습니다.

'키워드 도구'로 검색 수 추이 확인하기

> **난나의 Tip** 경쟁 업체 수는 이렇게 확인할 수 있어요!

아무리 잘 나가는 아이템이어도 경쟁 업체가 많다면 진입을 신중하게 생각해야 합니다. 그렇다면 경쟁 업체가 어느 정도인지 파악하려면 어떻게 해야 할까요?

방법은 간단합니다. 네이버 쇼핑(search.shopping.naver.com)으로 이동한 다음 판매하려는 아이템을 검색합니다. 그럼 검색 결과 위쪽에 [전체]라는 메뉴와 아래에 전체 검색 수를 볼 수 있는데요. 이 숫자가 판매 중인 아이템 수로, 대략적인 시장 규모를 파악할 수 있습니다.

네이버 쇼핑 검색 결과

초보 판매자라면 경쟁 강도가 높은 아이템은 진입하기 어려우므로 다른 제품을 소싱하는 것도 방법입니다. 또 마진이 거의 남지 않는 최저가로만 포진된 아이템도 초보 판매자에겐 쉽지 않으니 피하는 것이 좋습니다.

이 방법으로 경쟁 업체 수보다 검색량이 많은 키워드를 공략할 수 있으니 아이템을 선택하기 전에 확인해 보는 것을 추천합니다.

데이터를 꾸준히 확인해야 하는 이유

데이터랩과 키워드 도구는 아이템을 선정할 때 한 번 보고 마는 것이 아니라 꾸준히 보는 것이 중요합니다. 그 이유는 ① **제품엔 수명 주기가 존재**하기 때문입니다. 가령 과일, 채소 같은 식품의 경우 재배 시기가 있고 가공 제품의 경우 유행을 타기도 하고 대체 제품이 나왔을 때 급격히 인기가 식기도 합니다. 즉, 제품에도 도입기, 성장기, 성숙기 그리고 쇠퇴기라는 것이 있습니다.

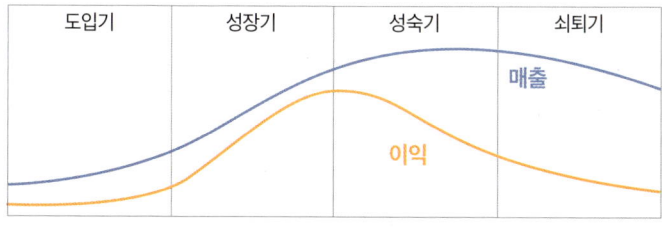

제품의 수명 주기

꾸준히 계속 계속 팔리는 아이템만 있다면 아주 좋겠지만 모든 제품에는 쇠퇴기가 있습니다. 아무리 잘 팔리던 제품도 서서히 매출이 하락하는 것이 자연스러운 현상입니다. 즉, 하나의 아이템이 잘 팔려서 빅파워를 달성했더라도 미리 다음 아이템을 준비해 두지 못한 채 쇠퇴기를 맞으면 금세 등급이 하락하는 경험을 할 수 있습니다. 따라서 지금 잘 팔리는 아이템이 있어도 이 데이터를 활용해 소싱할 아이템을 계속 찾는 것이 중요합니다.

데이터를 꾸준히 확인해야 하는 또 다른 이유는 ② **제품의 시장성을 객관적으로 보기 위함**입니다. 어느 판매자가 본인의 제품이 저품질이라고 생각할까요? '난나상페랩'을 운영하면서 컨설팅한 판매자 중 자신의 제품은 품질이 좋지 않다고 말하는 사람은 단 한 명도 없었습니다. 하지만 우리가 판매해야 할 것은 '판매자가 좋아하는 제품'이 아니라 '고객에게 좋은 제품'입니다.

이는 저 역시 저질렀던 실수 중 하나로, 초보일 때 판매했던 아이템의 품질이 무척 뛰어났음에도 고객의 니즈를 생각하지 않아 매출이 무척 저조했던 경험을 했었습니다. 기본 중의 기본이지만 간과하기 쉬운 부분이기도 하죠. 따라서 첫 번째 매출 조건은 좋은 아이템 즉, '고객에게 좋은 제품'임을 꼭 기억해야 합니다.

▬ 매출 조건 2. 가격

두 번째 매출 조건은 바로 **가격**입니다. 종종 경쟁 업체보다 많이 팔고 싶다는 마음에 마진을 조금 보고 가격을 많이 낮추는 경우가 있는데요. 물론 저렴한 가격에 많이 팔면 좋지만, 전략적 접근 없이는 리스크가 있을 수밖에 없습니다. 반대로 경쟁 업체보다 비싼 가격에 고품질 제품을 판매하는 고급화 전략을 구사하는 경우도 있습니다. 품질에 자신이 있다면 이 전략도 좋지만, 역시 판매로 이어지지 않으면 리스크가 클 수밖에 없습니다. 이때 반드시 필요한 것이 **가격 조사**입니다. 가격 조사를 하는 방법은 간단합니다. 먼저 경쟁 업체 리스트를 뽑은 다음 각 업체의 판매 가격을 기록하는 것입니다.

최근에는 가격 비교 시스템이 잘되어 있어 고객들은 같은 제품이면 저렴한 제품을 구매하기 마련입니다. 그렇다고 무작정 가격을 낮출 필요는 없습니다. 가령 저는 같은 제품을 다른 업체보다 비싸게 팔았음에도 문의량이 넘쳐날 정도로 판매한 경험이 있습니다. 그 비밀은 가격이 아니라 상세페이지에 있었죠. 상세페이지 하나만으로 같은 제품을 더 매력적으로 보이게 한 것입니다. 즉, 가격은 판매량에 결정적 역할을 하는 절대적 요소가 아닙니다. 따라서 경쟁 업체보다 지나치게 저렴한 것도, 전략 없이 무작정 비싼 것도 유리한 방법은 아닙니다.

가격 조사는 어디까지나 시장 조사의 한 부분이며 중요한 것은 **공급가와 판매가**입니다. 아이템이 아무리 좋아 보여도 공급가와 판매가가 별로 차이가 나지 않아 마진이 거의 없는 아이템이라면 과감히 패스하는 것이 좋습니다.

> **난나의 Tip** | 브랜드 로고가 크게 박힌 위탁 상품은 피하세요!
>
> 만약 위탁 상품을 판매한다면 브랜드 로고가 크게 박힌 제품은 피하는 것이 좋습니다. 예를 들어 석류 콜라겐을 판매하고 싶다고 한다면 제품명에 "석류콜라겐"이라 적힌 것만 선택하는 걸 추천합니다. 만약에 제품명이 "난나의 석류콜라겐"이라면 고객들은 "난나의 석류콜라겐"이라고 검색을 한 후 최저가로 구매할 확률이 높기 때문입니다. 그렇다면 같은 제품을 저렴하게 판매하는 업체로 고객이 몰리게 되고 제품을 선보일 기회를 잃을 수 있죠. 만약 최저가로 경쟁 전략을 잡을 것이 아니라면 위탁 제품은 브랜드보다는 제품에 집중할 수 있는 것으로 선택하는 것이 좋습니다.

■ 매출 조건 3. 적합도·인기도·신뢰도

온라인 스토어의 매출은 제품이 얼마나 노출되느냐와 직결됩니다. 네이버, 쿠팡, G마켓 등 온라인 스토어 플랫폼마다 노출이 되는 업체의 기준이 있는데요. 대표적으로 네이버 스마트스토어는 다음과 같은 3가지 기준을 가지고 쇼핑 검색 랭킹을 구성합니다.

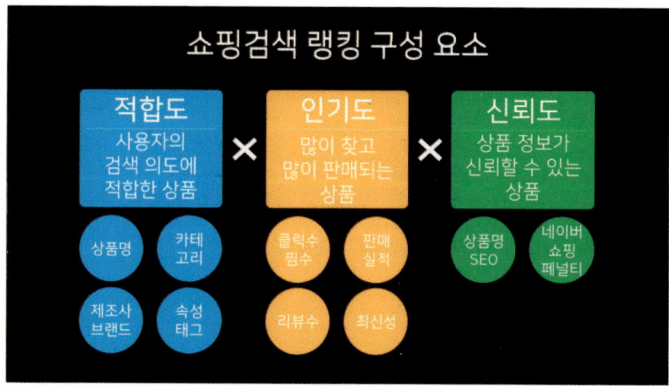

쇼핑 검색 랭킹 구성 요소 (출처: 네이버 쇼핑 입점 및 광고)

간략하게 하나씩 살펴보자면, **인기도**는 많이 팔리고 많이 검색되는 것을 뜻하며 이를 측정하는 요소는 리뷰 수, 클릭 수, 찜, 판매 실적입니다.

적합도는 카테고리, 제품명이 실제 제품과 얼마나 적합한지를 뜻합니다. 특히 제품명을 정할 때는 키워드 분석이 큰 역할을 합니다. 제품명에 어떤 키워드를 넣느냐에 따라 순위도 달라지고 노출량도 달라지기 때문이죠. 예를 들어 A업체는 '남성 가을 카디건'이라는 키워드를 사용했고 B업체는 '카디건'이라는 키워드를 사용했다면 어떤 업체의 노출량이 더 높을까요? 당연히 타깃 고객에 맞는 키워드를 다양하게 설정한 A 업체의 노출량이 훨씬 많을 것입니다. 이처럼 적합한 키워드 사용으로 적합도를 높일 수 있습니다.

마지막 **신뢰도**는 '네이버의 가이드라인을 잘 따르는 정도'를 뜻합니다. 이는 플랫폼을 이용하기 위한 규칙으로, 가이드라인을 따르지 않으면 불이익을 받아 노출 순위와 직결되므로 반드시 참고하는 것이 좋습니다.

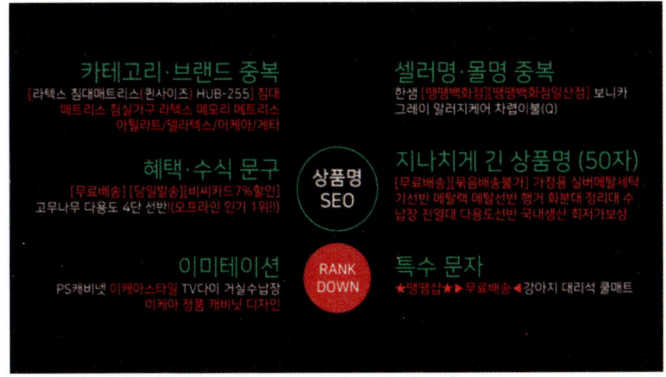

고객의 신뢰를 위한 '신뢰도' (출처: 네이버 쇼핑 입점 및 광고)

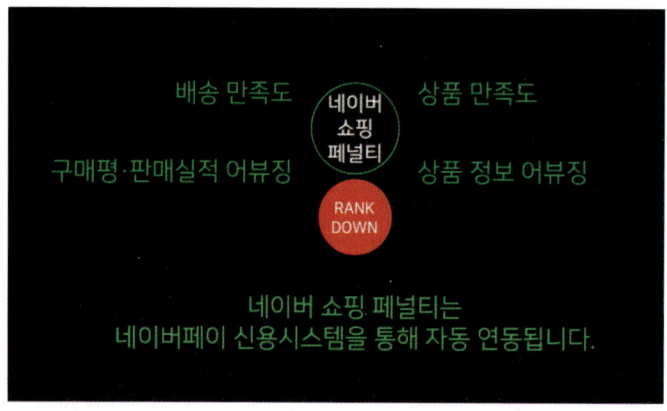

고객의 신뢰를 위한 '신뢰도' (출처: 네이버 쇼핑 입점 및 광고)

이 3가지는 고객의 플랫폼 사용성을 높이기 위한 방안이자 투명한 운영을 위한 규칙입니다. 아무리 제품 구성이 잘되어 있고 판매량이 높은 제품이더라도 이 규칙을 어기면 랭킹이 하락하게 되죠. 기본적으로 카테고리·브랜드 중복, 특수 문자 사용, 이미테이션 제품 판매를 비롯해 배송 또는 제품 불만족도가 높거나 구매평 또는 제품 정보를 허위로 조작하면 랭킹 하락은 물론이고 심할 경우 제품 판매가 정지될 수 있으니 반드시 주의하셔야 됩니다. 스마트스토어를 시작했다면 네이버에서 정한 가이드라인을 제대로 확인할 할 수 있도록 '상품 검색 SEO 가이드'를 유심히 읽고 참고하길 바랍니다.

TIP 네이버 '상품 검색 SEO 가이드' 페이지(https://url.kr/3y6vwu)

매출 조건 4. 상세페이지

지금까지 반드시 고려해야 하는 매출 조건으로 좋은 아이템, 가격 그리고 인기도·적합도·신뢰도를 다루었습니다. 이들도 전부 중요하지만 마지막으로 이 책에서 가장 중요하게 다루고 있는 매출 조건은 바로 상세페이지입니다. 특히 온라인 스토어에서 상세페이지는 구매전환율을 높이는 가장 큰 요소 중 하나입니다.

앞서 모든 요소를 갖추고 상위 노출이 되더라도 고객의 이목을 끌지 못하면 구매 전환이 일어나지 않습니다. 이때 고객의 마음을 사로잡는 가장 확실한 방법이 바로 매력적인 상세페이지죠. 이후부터 계속해서 언급하겠지만, 매력적인 상세페이지란 그저 예쁜 것을 뜻하지 않습니다. 투박해도 [구매] 버튼을 누르게 만드는 상세페이지가 진짜입니다.

마케팅 능력이나 디자인 능력이 뛰어나지 않아도 누구나 이런 상세페이지를 만들 수 있으며 이것 하나로 매출이 달라지는 경험을 하게 될 것입니다. 구매전환율을 높이는 상세페이지를 만드는 방법은 PART 2부터 본격적으로 살펴볼 예정이니 우선은 상세페이지가 단순히 한 장짜리 제품 설명서가 아닌 온라인 스토어의 매출 조건 중 하나라는 것을 기억해 주세요.

핵심 정리

- 매출 조건에는 '좋은 아이템', '가격', '인기도·적합도·신뢰도' 그리고 '상세페이지'가 있다.
- 좋은 아이템과 가격 그리고 노출이 될 때 상세페이지가 제 역할을 한다.

고객은 어떻게 제품을 만날까?
유입 경로와 구매 경로

기본적이지만, 잊기 쉬운 고객의 '유입 경로'와 '구매 경로'

상세페이지를 기획하기 앞서 반드시 살펴보아야 할 것이 있습니다. 바로 '고객이 어떻게 유입되고 구매를 하느냐'입니다. 아주 기본적이지만, 기본인 만큼 다시 한번 살펴볼 필요가 있습니다. 예로 네이버 쇼핑을 기준으로 유입에서 구매하기까지 경로를 살펴보면 다음과 같습니다.

유입에서 구매까지 경로

정보 습득 또는 필요 → 포털에서 제품 검색 → 제품 클릭
→ 리뷰 확인 → 상세페이지 확인 → 경쟁 업체 비교 → 구매 결정

기본적으로 고객은 앞서와 같은 패턴으로 유입되어 구매까지 이어집니다. 먼저 구매할 제품의 정보를 외부에서 얻거나 또는 구매를 결심하는 계기가 생깁니다. 그런 다음 네이버에서 제품을 검색합니다.

파워 링크나 광고를 제외하고 보통 네이버 쇼핑은 상위 노출된 제품들 위주로 클릭률이 높습니다. 네이버 쇼핑탭에 들어가지 않아도 네이버 통합 검색에서 노출이 되기 때문이죠. 모든 판매자가 상위 노출을 원하는 이유가 여기에 있습니다.

물론 모든 고객이 무조건 상위권 제품을 구매하는 것은 아닙니다. 하지

만 내 제품이 상위권에 있고, 상세페이지나 가격 등 여러 요소로 고객이 [구매하기]를 누르도록 유도한다면 고객이 다른 제품을 찾지 않겠죠.

그렇다면 이렇게 제품 페이지로 진입한 고객이 가장 먼저 보는 곳은 어디일까요? 바로 **리뷰**입니다. 상세페이지를 먼저 보는 고객도 있지만 일반적으로 리뷰를 가장 먼저 봅니다. 재미있는 점은 리뷰는 기본적으로 **평점 높은순**으로 정렬되어 있습니다만, 많은 고객이 **평점 낮은순**으로 재정렬해서 리뷰를 확인합니다. 즉, 평점이 낮은 리뷰를 먼저 확인하는 거죠.

모바일 기준. 네이버 통합에 노출되고 있는 상위권 제품들

실제로 한 커뮤니티에 "여러분은 리뷰를 볼 때 어떤 것을 가장 먼저 보나요?"라고 질문하자 대다수 답변자가 '평점 낮은순'으로 리뷰를 확인한다고 답하기도 했습니다. 이렇게 보는 이유는 낮은 평점을 준 리뷰로 이 제품의 문제가 감당할 수 있는 정도인가를 가늠하기 위해서입니다. 예를 들어 "배송이 느려요.", "박스가 구겨져서 왔어요." 정도의 리뷰가 문제

가 되지 않는다면 구매를 하는 거죠.

TIP 고객은 리뷰에서도 '포토 리뷰', 즉 사진이 있는 리뷰를 더 가치 있게 봅니다. 따라서 리뷰에 사진보다 글이 많다면 포토 리뷰 이벤트를 진행하는 것을 추천합니다.

리뷰까지 꼼꼼히 본 고객은 마지막으로 상세페이지를 보고 구매를 결정합니다. 이때 판매자가 자주 하는 착각은 고객이 상세페이지를 세심하고 꼼꼼하게 본다고 생각하는 것입니다. 고객은 생각보다 상세페이지의 글 하나하나 꼼꼼하게 보지 않습니다. 오히려 그림을 보듯이 훑어내리는 것에 가깝죠. 어떤 고객은 상세페이지의 도입부만 보고 구매를 결정하기도 합니다. 여기서 한가지 얻을 수 있는 인사이트는 **상세페이지의 핵심은 도입부**라는 것입니다. 실제 이후 우리가 배울 상세페이지 7단계 타워 밸런스도 도입부에 집중하도록 구성되어 있죠.

이처럼 유입부터 구매까지 고객은 상당히 길고 많은 단계를 거치게 됩니다. 그리고 이 단계가 구매에 가까울수록 전환율이 낮아지죠. 즉, 유입까진 됐지만 리뷰를 보고 이탈하기도 하고 리뷰까진 봤지만 상세페이지를 보고 이탈하기도 합니다. 따라서 고객이 어떤 단계에서 이탈하는지, 어떤 단계에서 고객의 마음을 사로잡아 다음 단계로 이동하게 하는지 전략을 세우려면 각 단계를 모두 이해하고 구분할 수 있어야 합니다.

그러려면 좀 더 정확한 방문 유입 경로를 알아 두는 것도 큰 도움이 됩니다. 판매로 연결되는 가장 중요한 요소가 바로 **유입 수**이므로 고객이 어디서 어떻게 유입되는지를 파악하면 해당 경로에 광고를 집행하는 등 마케팅 전략을 더 명확하게 세울 수 있기 때문이죠. 그런 이유로 네이버 스마트스토어에선 방문 유입 경로를 확인할 수 있도록 데이터를 제공하고 있는데요. 2가지 경로를 통해 이를 확인할 수 있습니다.

유입 경로를 확인하는 방법 1

네이버 스마트스토어에서 [구매 확정 내역] 또는 [발주(주문)확인/발송관리]를 클릭하면 다음과 같이 상세 발주 내역을 확인할 수 있는데요. 여기서 오른쪽으로 화면을 넘기면 [마지막 유입 경로]를 볼 수 있습니다. 여기서 고객이 네이버 검색을 통해 유입됐는지 그외 외부 사이트에서 진입했는지 확인할 수 있죠. 만약 네이버 쇼핑탭에서 구매가 이루어졌다면 [검색>쇼핑검색(네이버쇼핑)], 블로그나 인스타 같은 외부 사이트에서 구매가 이루어졌다면 [네이버쇼핑 외], 검색 광고로 유입되었다면 [광고>검색광고(SA)]가 뜨는 것을 볼 수 있습니다.

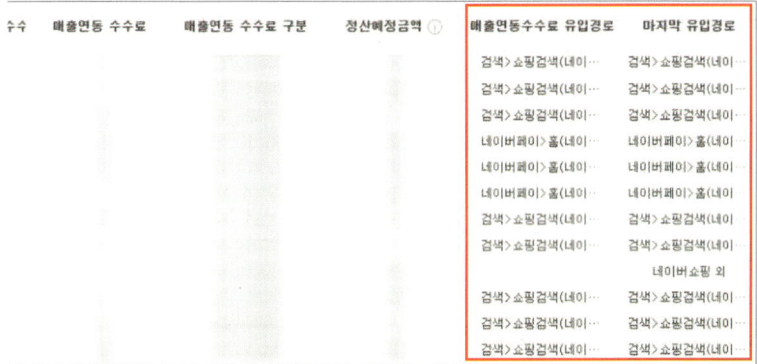

고객의 유입 경로를 확인할 수 있는 '마지막 유입 경로'

만약 [네이버쇼핑 외]가 많다면 외부 바이럴이 순조롭게 되고 있다는 뜻이고 [검색>쇼핑검색(네이버쇼핑)]이 많다면 네이버 쇼핑탭에 노출이 잘되고 있다는 뜻이겠죠. 이처럼 [마지막 유입 경로] 데이터를 활용하면 마케팅에서 보완할 부분을 대략적으로 확인할 수 있습니다.

■ 유입 경로를 확인하는 방법 2

더 상세한 유입 경로를 확인하고 싶다면 스마트 스토어에서 **[마케팅 분석]**을 클릭해 보세요. 네이버 카페나 블로그, 인스타그램 등 고객이 유입된 상세 경로를 막대그래프로 한눈에 확인할 수 있습니다. 채널별 유입 수뿐만 아니라 결제기여 금액까지 상세한 데이터를 확인할 수 있습니다.

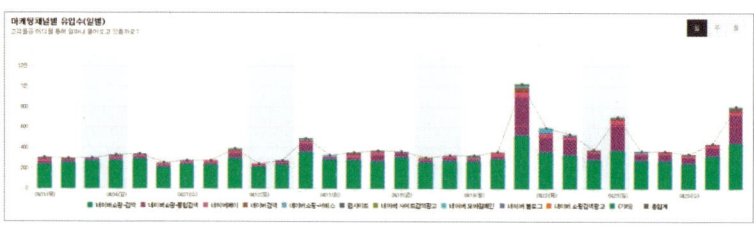

고객이 유입된 상세 경로를 확인할 수 있는 '마케팅 분석'

핵심 정리

- 유입 경로 : 정보 습득 또는 필요를 느낌 → 포털에서 제품 검색 → 제품 클릭 → 노출
- 구매 경로 : 리뷰 확인 → 상세페이지 확인 → 다른 경쟁 업체 비교 → 찜하기 or 구매
- 고객이 제품 검색을 하고 제품을 클릭했다면 노출에 성공한 것이다.
- 고객은 좋은 리뷰와 매력적인 상세페이지를 보고 구매 결정을 한다.
- 네이버 스마트 스토어에선 유입 경로 데이터를 확인할 수 있다.

끌리는 상세페이지는 기획 순서부터 다르다

한 장의 이미지를 구성하는 데도 기획과 순서가 필요하다.

흔히 상세페이지를 기획은 하지만 어떻게 기획해야 하는지, 또 어떤 순서로 기획해야 하는지는 익숙하지 않을 겁니다. 한 장의 이미지에 불과하지만 제품을 맘껏 보여줄 수 있는 소중한 공간인 만큼 기획도 체계적인 순서가 필요합니다. 기획은 크게 5단계로 구분할 수 있습니다.

1. 경쟁 업체 벤치마킹
2. 타 카테고리 업체 벤치마킹
3. 기획서 작성
4. 이미지 자료 수집
5. 상세페이지 제작

각 단계에 어떤 과정이 필요한지 하나씩 살펴보겠습니다.

1. 경쟁 업체 벤치마킹

가장 먼저 해야 할 것은 경쟁 업체, 즉 판매하려는 제품과 같은 제품의 상세페이지를 살펴보는 것입니다. 경쟁 업체 상세페이지를 살펴볼 때는 다음과 같은 요소를 집중해서 살펴봅니다.

- 제품 가격
- 제품 이미지
- 제품 설명 방식
- 이벤트 진행 여부 및 이벤트 진행 방식

각 요소를 살펴보면서 공통점을 추려냅니다. 그리고 내용 설명에서 공통적으로 설명하는 부분은 반드시 우리 제품 상세페이지에도 추가할 수 있도록 핵심을 요약해 노트에 메모해 두는 것이 좋습니다.

2. 타 카테고리 업체 벤치마킹

경쟁 업체 상세페이지를 분석하는 것만으로 매력적인 상세페이지를 만들 수 있는 것은 아닙니다. 오히려 고객 입장에선 어느 업체의 제품을 봐도 상세페이지가 비슷하면 다른 경쟁 요소인 가격으로 넘어가거나 가장 상위에 노출된 제품을 구매할 확률이 높아집니다. 이는 구매전환율 하락으로 이어지죠. 이때 고객의 이탈을 막기 위해 상세페이지에 매력을 한 스푼 더하려면 타 카테고리 업체의 상세페이지를 벤치마킹하는 것이 좋습니다. 타 카테고리란, 말 그대로 판매하려는 제품과는 완전히 다른 제품으로, 식품을 판매한다면 주얼리, 의류, 여행 등 완전히 다른 카테고리를 뜻합니다.

타 카테고리의 상세페이지를 보는 게 어떤 도움이 되는지 의아할 수 있지만, 생각지 못한 발상의 전환을 경험할 수도 있고 기존 제품의 비슷비슷한 상세페이지와는 색다른 카피, 구성, 색상 등을 고려할 수도 있습니다.

특히 이 방법은 초보 판매자에겐 큰 도움이 되는 기획 순서로, 가급적 꾸준히 하는 것이 가장 좋습니다. 이 과정을 반복하다 보면 나중에는 어떤 제품을 판매하든 상세페이지를 어떻게 구성하는 게 매력적인지 금세 머릿속으로 그릴 수 있습니다.

3. 기획서 작성

이제 경쟁 업체와 타 카테고리 업체에서 벤치마킹한 것들을 토대로 기획서를 작성할 단계입니다. 기획서는 거창하게 양식에 맞춰 작성하는 문서가 아니라 이후 상세페이지 제작 단계를 수월하게 하기 위한 문서로, 본인에게 편하게 작성해도 좋습니다.

이처럼 간단하게 손으로 종이에 작성해 두어도 좋고 양식을 만들어 파일로 저장해 두어도 좋습니다.

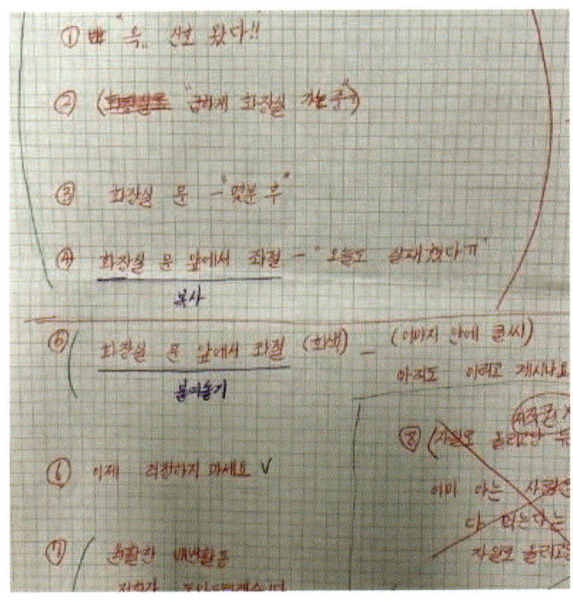

손으로 메모한 기획서

이외엔 이후 살펴볼 7단계 타워 밸런스에 맞춰 어떤 내용을 넣을지 그리고 참고할 상세페이지 이미지 또는 링크를 함께 넣어 두면 이후 제작 단계에서 훨씬 수월합니다. 직접 제작한다면 혼자 알아볼 수 있도록 손으로 써도 좋지만 디자인 제작을 맡길 거라면 워드나 PDF 파일로 정리하는 게 좋습니다.

4. 이미지 자료 수집

앞서 기획서 작성 단계까지 제대로 진행했다면 상세페이지에 어떤 내용을 넣고 어떤 카피가 효과적인지 충분히 고민했을 것입니다. 4단계에서는 이제 상세페이지 제작에 쓸 재료, 즉 이미지가 필요합니다. 이미지는 크게 2가지로 나눌 수 있습니다. 하나는 판매할 제품을 촬영한 **제품 사진** 그리고 다른 하나는 상세페이지를 다채롭게 만들 **꾸밈 이미지**입니다.

가장 중요한 이미지는 단연 제품 사진입니다. 예쁘게만 찍으면 될 것 같지만, 어떤 제품이냐에 따라 어떤 면을 보여 주는 게 효과적일지, 배경은 어떤지, 조명이나 구도는 어떻게 잡아야 할지 등을 고려해야 합니다. 더군다나 카메라에 익숙하지 않고 장비가 따로 없다면 어떻게 찍어야 할지 더욱 막막할 텐데요. 이때 가장 좋은 방법은 앞서 1~2단계에서 벤치마킹한 상세페이지에선 어떻게 제품을 촬영했는지 살펴보고 구도를 생각해 두는 것입니다.

어떻게 찍을지 미리 생각하고 메모를 해 두면 제품 촬영할 때 드는 시간도 단축되고 전문가 수준은 아니더라도 표현하고 싶은 만큼의 결과물을 낼 수 있습니다. 다음 이미지는 실제 제가 작성했던 기획서의 일부로, 경쟁 업체 이미지를 포함한 것입니다.

경쟁 업체 이미지를 포함한 기획서(일부)

제품 사진을 준비했다면 다음으론 상세페이지를 꾸밀 이미지가 필요합니다. 보기 좋은 이미지를 검색하고 가져다 쓰면 될 것 같지만, 대부분 이미지엔 저작권이 있습니다. 따라서 저작권 걱정 없이 사용할 수 있는 저작권 무료 이미지 사이트를 이용하거나 품질 높은 이미지를 발견할 수 있는 유료 이미지 사이트를 이용하는 방법도 있습니다.

무료 이미지 사이트로는 **픽사베이**(pixabay.com), **언스플래시**(unsplash.com) 등이 있고 유료 이미지 사이트로는 **셔터스톡**(shutterstock.com) 등이 있습니다. 사이트에 찾고자 하는 이미지와 관련된 키워드를 검색하면 분야, 파일 형식, 크기, 색상 등 다양한 기준으로 이미지를 검색할 수 있습니다.

사이트 검색창에 키워드를 입력해 쉽게 이미지를 검색할 수 있습니다. (출처: 픽사베이)

만약 찾고자 하는 이미지가 없다면 키워드를 다양하게 바꾸면서 검색해 보세요. 예를 들어 '고민하는 사람' 이미지를 사용하고 싶다면 '고민'만 검색하는 것보다 '생각', '두통', '선택' 등 다양한 키워드로 검색하면 다른 검색 결과를 볼 수 있습니다.

| 난나의 Tip | 저작권 무료·유료 이미지 사이트 모음 |

모든 이미지를 비용을 지불하고 구매할 필요는 없습니다. 품질 좋은 저작권 무료 이미지도 무척 다양하기 때문이죠. 저작권 걱정 없이 무료로 이미지를 사용할 수 있는 사이트 몇 군데를 소개할게요.

저작권 무료 이미지 사이트

1. 픽셀스(pexels.com/ko-kr)

2. 픽사베이(pixabay.com)

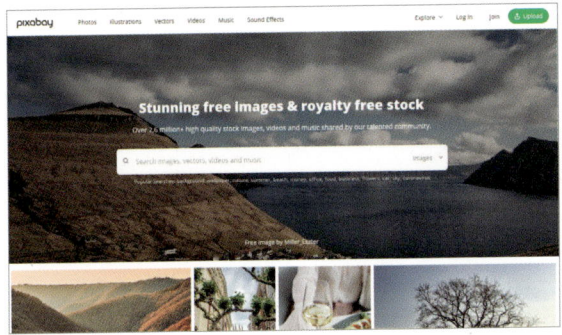

3. 언스플래시(unsplash.com)

4. 푸디스피드(foodiesfeed.com)

5. 스톡스냅(stocksnap.io)

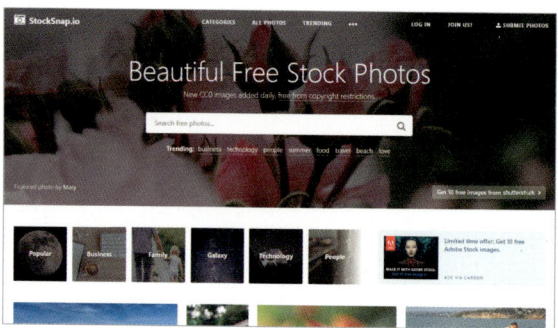

6. 카붐픽스(kaboompics.com)

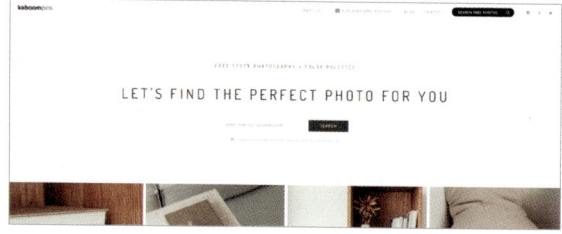

7. 페이퍼스.코(papers.co)

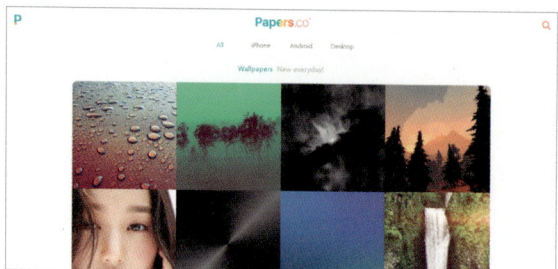

8. 픽점보(picjumbo.com)

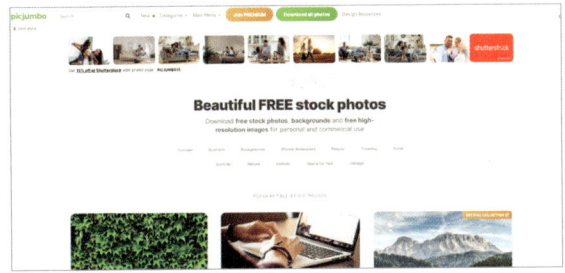

9. 모그파일(morguefile.com)

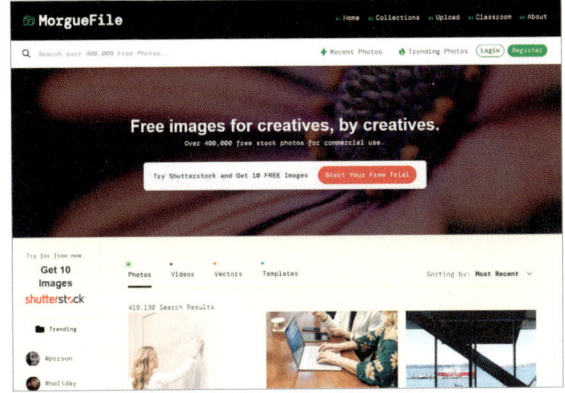

단, 저작권 무료라고 해도 사용 범위에 제한이 있을 수 있으니 이미지를 다운받기 전 저작권 확인은 필수입니다.

만약 무료 사이트를 아무리 뒤져도 원하는 이미지가 없거나, 고품질 이미지를 원한다면 유료 이미지를 이용하는 것도 방법입니다. 유료 이미지 사이트는 대부분 기간별 구독제 또는 다운받을 수 있는 이미지 수에 따라 비용을 지불하는 경우가 많으므로 얼마나 자주, 어느 정도의 이미지가 필요한지 고려한 다음 결제하는 것이 좋습니다. 또, 무료 평가판을 이용할 수도 있으니 전략적으로 사용하세요.

유료 이미지 사이트

1. 셔터스톡(shutterstock.com)

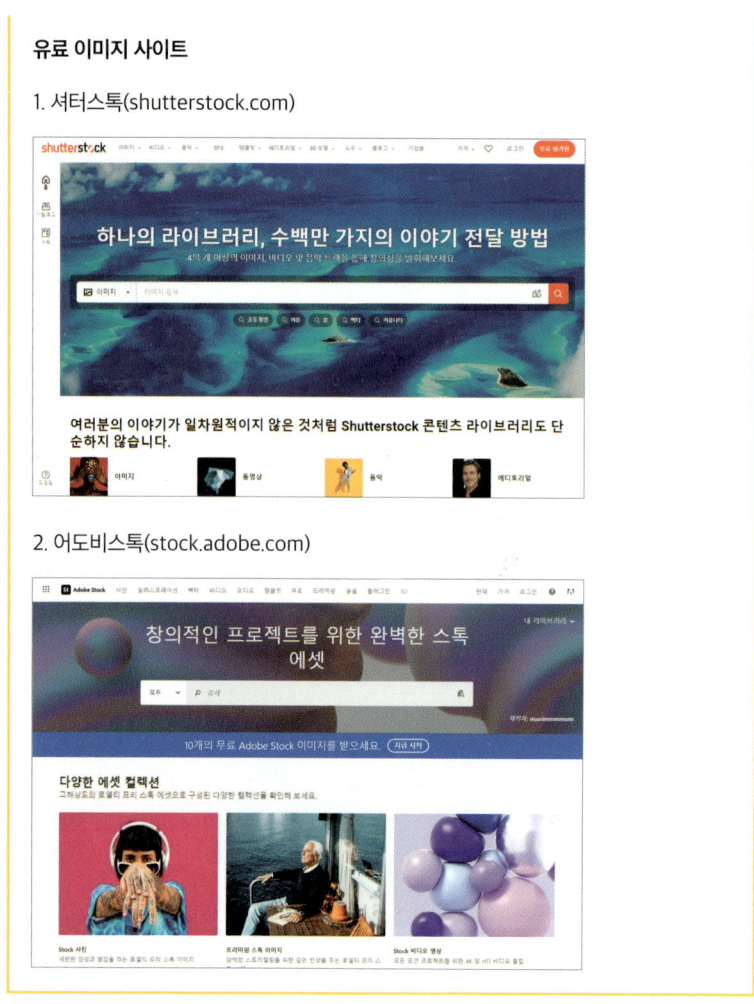

2. 어도비스톡(stock.adobe.com)

▰ 5. 상세페이지 제작 & 디자인

이제 앞서 쓴 기획서와 수집한 이미지들을 활용해 상세페이지를 제작합니다. 상세페이지를 만드는 방법은 크게 3가지가 있습니다. 포토샵, 일러스트레이터와 같은 디자인 도구로 직접 제작하거나 디자인 플랫폼의 도움을 받아 제작하거나 또는 전문 디자이너에게 의뢰하는 방법입니다.

디자인 도구를 잘 다루진 못하지만 직접 제작하길 원한다면 디자인 플랫폼에서 제공하는 디자인 템플릿을 활용하는 것도 좋습니다. 디자인 플랫폼은 대표적으로 **미리캔버스**(miricanvas.com)와 **망고보드**(mangoboard.net)가 있습니다. 실제로 많은 스토어에서 이 플랫폼을 이용해 직접 상세페이지를 제작하곤 하죠.

미리캔버스와 망고보드는 상세페이지, SNS 카드 뉴스, 프레젠테이션까지 간편하게 디자인할 수 있도록 다양한 템플릿을 지원합니다. 많은 사랑을 받는 플랫폼답게 템플릿도 무척 다양합니다. 각 플랫폼의 특징을 살펴보고 나에겐 무엇이 더 적합한지 선택해서 사용해 보세요.

미리캔버스

미리캔버스의 템플릿들 (출처: 미리캔버스)

미리캔버스의 특징

- 무료로 사용할 수 있는 디자인 템플릿이 다양하다.
- 1GB의 저장 공간을 무료로 사용할 수 있다.
- 저작권 표기 없이 상업적 용도로 사용할 수 있다.
  (미리캔버스 라이선스 계약 내용(https://vo.la/JBGkdr))
- 한글 폰트가 다양하다.
- 프로 요금제를 이용하면 더 많은 템플릿, 이미지를 제한 없이 사용할 수 있다.

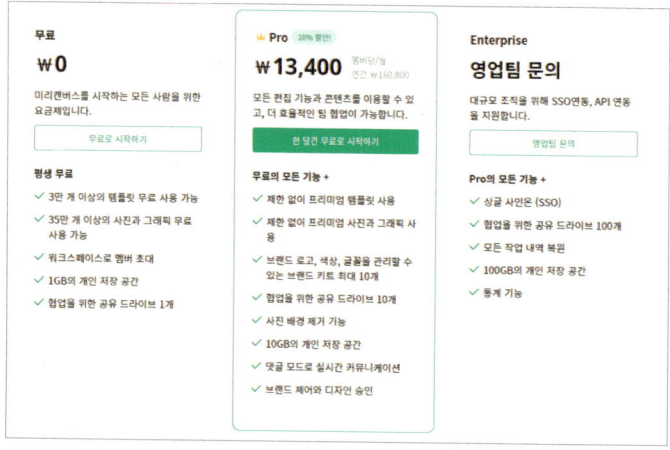

미리캔버스의 요금제 (출처: 미리캔버스)

망고보드

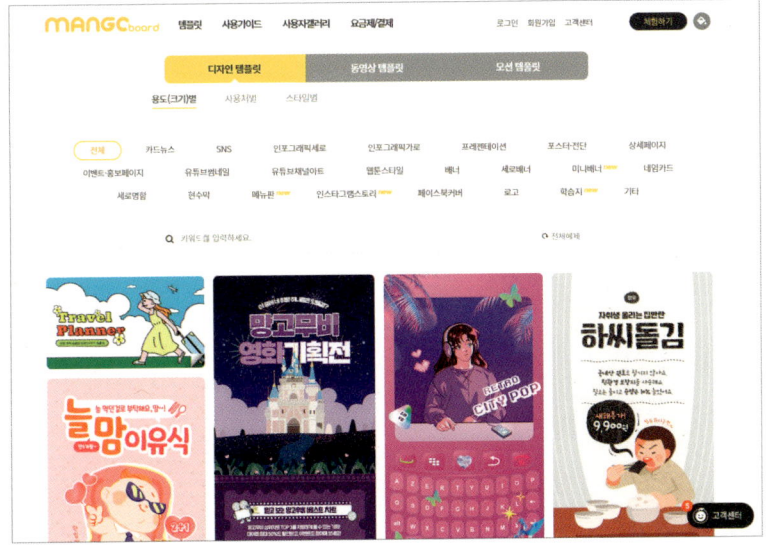

망고보드의 템플릿들 (출처: 망고보드)

망고보드의 특징

- 누구나 쉽고 빠르게 고퀄리티 수준의 상세페이지, gif, 영상을 제작할 수 있다.

- 요금제에 따라 워터마크 유무, 사용 가능한 폰트의 개수, 투명 배경 png 이미지 제공 등 사용 범위가 달라진다.

> **TIP** 워터마크가 있으면 디자인 신뢰도가 떨어지므로 가급적 유료 결제를 권장합니다.

망고보드의 요금제 (출처: 망고보드)

미리캔버스와 망고보드 모두 디자이너가 아니어도 디자인을 할 수 있도록 도와주는 서비스지만, 장단점이 다르니 어떤 서비스가 맞는지 비교하고 검토해 보길 권합니다. 만약 상세페이지 제작이 처음이라면 사용성이 좋고 무료 템플릿이 많은 미리캔버스를, 어느 정도 제작을 해본 경험이 있고 흔하지 않은 고퀄리티 상세페이지를 직접 제작하고 싶다면 망고보드를 추천합니다. 단, 망고보드는 요금제를 이용할 때 사용할 수 있는 기능이 훨씬 많으므로 프로 요금제를 권합니다.

만약 비용을 들여서라도 더 좋은 퀄리티의 디자인 또는 직접 제작하는 시간을 아끼고 싶다면 전문 디자이너에게 맡기는 방법도 있습니다. 디자이너를 찾을 수 있는 대표 사이트 몇 군데를 추천드리면 다음과 같습니다.

크몽

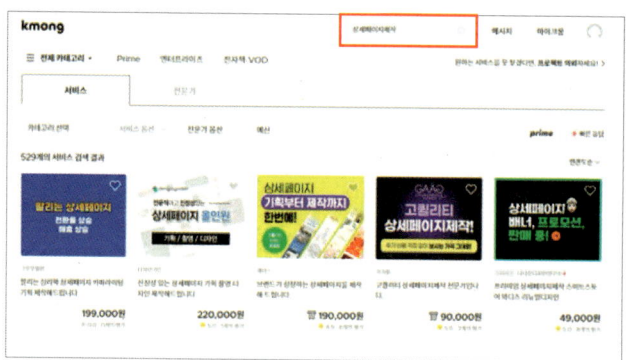

크몽 (출처: 크몽)

크몽은 프리랜서 전문가를 쉽고 빠르게 찾아 작업을 의뢰할 수 있는 플랫폼입니다. 크몽 상세페이지에서 디자이너의 포트폴리오, 고객 리뷰,

작업 과정 등을 세세하게 확인할 수 있죠. 만약 안전하게 작업을 의뢰하고 싶다면 고객 평가로 엄선된 상위 2% 서비스인 prime 업체만 검색하는 방법도 있습니다. 그외 궁금한 내용은 크몽을 통해 직접 디자이너에게 문의할 수 있습니다.

크몽의 prime 버튼 (출처: 크몽)

네이버 쇼핑

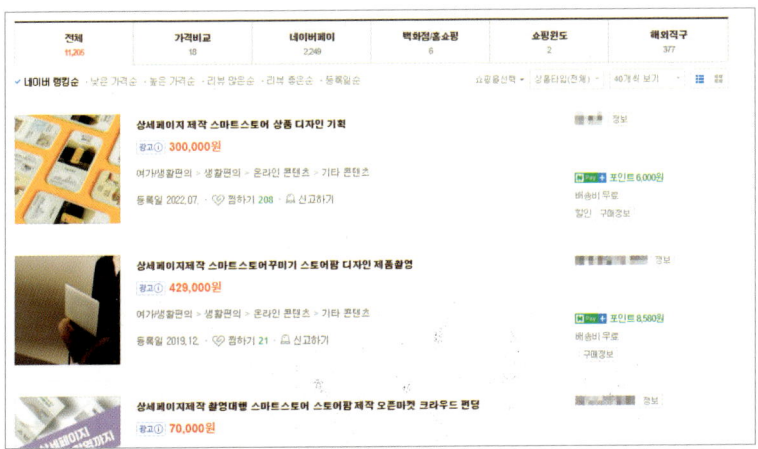

네이버 쇼핑 검색 (출처: 네이버 쇼핑)

네이버 쇼핑에서도 프리랜서 또는 디자인 업체를 검색할 수 있습니다. 크몽과 마찬가지로 리뷰와 상세페이지를 꼼꼼하게 확인하고 직접 문의를 한 다음 의뢰하는 것이 좋습니다.

숨고

숨고 (출처: 숨고)

숨고는 전문가 매칭 서비스 플랫폼으로, 원하는 서비스를 선택해 적합한 전문가를 만날 수 있습니다. "상세페이지 제작"을 검색하면 다음과 같이 요청서를 작성하는 화면으로 이동합니다. 요청서는 전문가들이 견적을 보내는 자료인 만큼 상세하게 작성하는 것이 좋습니다.

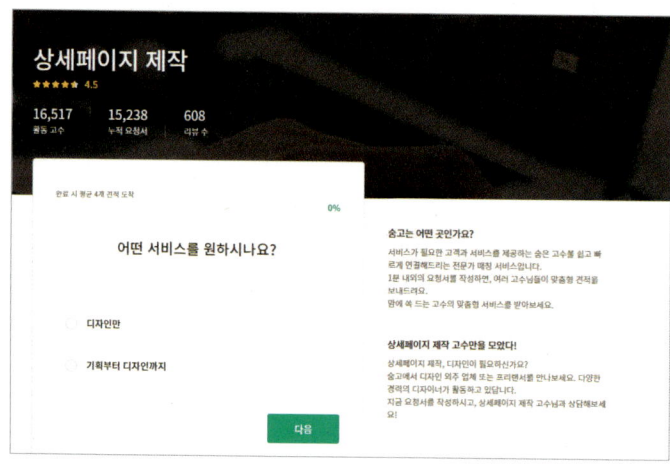

서비스 요청서 작성 (출처: 숨고)

만약 견적서를 받는 것보다 원하는 전문가를 직접 선택하고 싶다면 숨고 메인 화면 상단에서 [마켓] 카테고리를 클릭하고 "상세페이지"를 검색해 보세요. 숨고에서 활동하는 여러 전문가의 서비스를 한눈에 확인할 수 있습니다.

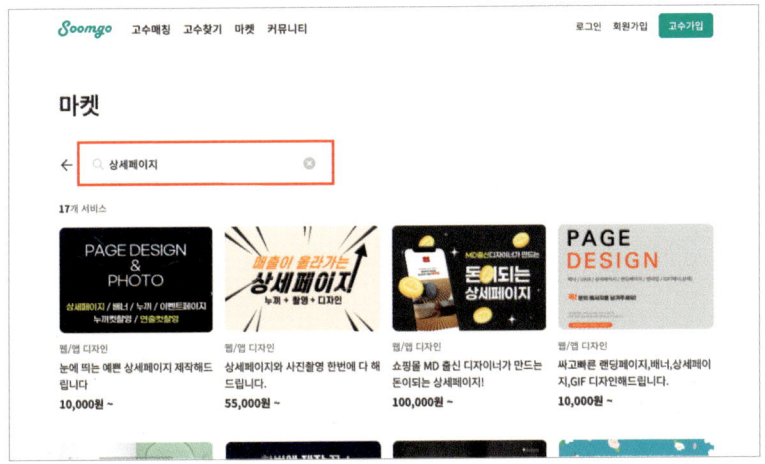

[마켓]에서 "상세페이지" 검색하기 (출처: 숨고)

핵심 정리

- 상세페이지에도 기획과 순서가 필요하다.
- 경쟁 업체뿐만 아니라 타 카테고리의 업체도 벤치메킹하는 것이 좋다.
- 기획서가 탄탄할수록 이후 촬영·자료 수집·디자인까지 수월하고 더욱 매력적인 상세페이지를 만들 수 있다.

PART 2

구매전환율을 높이는 상세페이지, 7단계 타워 밸런스

PART 1에서 상세페이지를 제작하기 앞서 탄탄한 구성을 위한 준비 단계를 밟아봤는데요. 이제 구매전환율을 높이는 상세페이지의 비밀, 7단계 타워 밸런스를 하나씩 살펴볼 것입니다. 상세페이지의 핵심은 '도입부'인데요. 7단계 타워 밸런스 역시 도입부를 위주로 다루고 있죠. 그중에서도 PART 2에서는 타깃을 설정하고, 제품을 센스 있게 자랑하는 법, 이목을 이끄는 이벤트와 호기심을 자극하는 문제 제기하는 방법까지 하나씩 들여다 보겠습니다.

PART 2
구매전환율을 높이는 상세페이지, 7단계 타워 밸런스

- [ ] 0층. 타깃 설정하기
- [ ] 1층. 제품 자랑하기
- [ ] 2층. 이목을 끄는 이벤트
- [ ] 3층. 구매 욕구를 부르는 문제 제기하기

0층.
타깃 설정하기

'누구'에게 파느냐에 따라 완전히 다른 상세페이지가 된다.

앞서 **PART 1. 탄탄한 기반을 다지는 준비 단계**에서 좋은 아이템 찾는 방법을 다룰 때 잠깐 타깃 설정의 중요성에 대해 언급했습니다. '무엇'을 파느냐도 중요하지만, '누구'에게 파느냐에 따라 상세페이지는 완전히 달라지기 때문이죠. 아주 기본적인 것임에도 많은 분이 좋은 제품을 소싱하면 판매 욕심에 곧장 상세페이지 제작부터 시작합니다. 물론 제품 소싱을 잘해서 수익을 내는 경우도 있지만, 매력 있는 상세페이지로 매출 상승을 바란다면 타깃 고객 설정은 필수입니다.

타깃을 설정하려면 먼저 다음과 같은 질문을 해보아야 합니다.

- 이 제품은 누가 구매할까?
- 누구에게 이 제품을 팔고 싶은가?
- 누가 이 제품을 필요로 할까?

물론 남녀노소 모두에게 팔 수 있는 제품이면 좋겠지만, 이는 반대로 모두에게 팔 수 없는 제품이 될 수도 있다는 것을 명심해야 합니다. 이처럼 상세페이지 제작에 앞서 먼저 제품을 팔 타깃을 설정해야 합니다. 그런 다음 이 타깃에 맞게 상세페이지를 기획하고 제작해야 좀 더 명확한 내용을 전달할 수 있습니다. 그렇다면 타깃을 구체적으로 파고들어 찾는 방법을 살펴보겠습니다.

판매할 제품 학습하기

타트 체리를 판매한다고 가정해 보겠습니다. '타트 체리를 판매하라'라는 미션이 주어지면 우리가 제일 먼저 생각해야 할 것은 '누가 타트 체리를 필요로 할까'입니다. 그러기 위해선 타트 체리에 어떤 장점이 있는지 알아볼 필요가 있겠죠? 내가 판매하는 제품을 이해하는 것은 기본이지만, 의외로 이 부분을 간과하는 경우가 무척 많습니다. 갑자기 뜨는 제품을 소싱하기에도 바쁘고 경쟁 업체보다 빠르게 판매하려면 시간도 촉박하죠. 또, 앞서 언급했듯이 모든 제품에는 수명 주기가 있기에 상세페이지 제작보다 판매 등록에 급급할 수밖에 없습니다.

> **TIP** 수명 주기에 대한 자세한 내용은 'PART 1. 온라인 스토어의 기본, 매출 조건 4가지'에서 확인할 수 있습니다.

하지만 지금 우리의 목표는 빠른 제품 등록이 아니라 매력적인 상세페이지를 제작해 구매전환율을 높이는 것임을 잊지 마세요.

그럼 타트 체리 구매자의 타깃을 설정하기 전에 타트 체리에 대해 알아볼까요? 포털에 검색을 해보기도 하고 관련 자료를 찾아본 결과 타트 체리는 멜라토닌 성분이 풍부해 숙면에 도움을 준다는 것을 알았습니다. 즉, '잠'이 부족한 사람에게 좋은 제품이라는 것입니다.

> **TIP** 참고로 일반 식품은 효능, 효과, 질병 관련된 내용을 스토어 홍보 문구에 사용해선 안 됩니다. 예시일 뿐이니 반드시 사전에 광고 규정의 가이드라인을 확인하세요.

이렇게 제품을 파악했다면 이 제품이 필요한 사람이 '누구'인지를 조금 더 구체적으로 그릴 수 있습니다. 또, 상세페이지에 사용할 문구도 대략 구상할 수 있죠.

> **TIP** 상세페이지는 변경은 상품 등록 후에 가능합니다. 만약 빠른 판매 또는 등록이 우선이라면 간단한 이미지 몇 장만으로 우선 판매를 시작하고 상세페이지를 수정해도 좋습니다.

■ 데이터를 활용한 연령별, 성별 타깃 조사하기

판매할 제품을 파악했다면 다음으로는 이 제품의 타깃은 누구인지 설정할 차례입니다. 숙면에 도움이 된다니 늘 잠이 부족한 수험생이나 40, 50대 직장인이 필요로 할 것 같네요. 이렇게 지레짐작으로 타깃을 설정해도 될까요? 물론 알고 있는 정보가 맞을 수도 있지만, 실제로 그 타깃이 이 제품을 필요로 할지는 확신하기 어려울 것입니다. 이때 도움을 받을 수 있는 사이트가 바로 앞서 좋은 아이템을 찾을 때도 유용했던 네이버의 **데이터랩**입니다.

데이터랩에서 간단하게 '타트 체리'를 많이 검색한 성별과 연령별 검색을 하면 다음과 같은 그래프를 볼 수 있습니다.

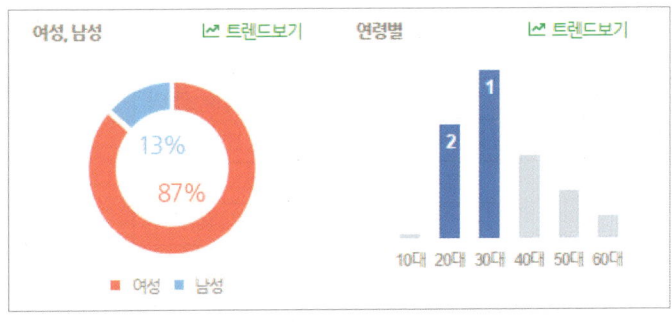

'타트 체리'를 검색한 성별, 연령별 그래프

수험생이나 중년이 찾을 거라던 예상과 달리 타트 체리를 검색한 사람의 연령별 1순위는 30대였고, 2순위는 20대였습니다. 성별에선 남성보다 여성이 압도적으로 많은 것을 볼 수 있습니다. 이로써 타트 체리의 1 타깃은 30대 여성이고, 2 타깃은 20대 여성으로 잡을 수 있겠습니다.

만약 이런 데이터 없이 지레짐작과 주변 이야기만으로 타깃을 설정하면 연령대가 높아질수록 수면 장애가 있을 확률이 높아진다는 연구 결과를 가져와 40, 50대를 타깃으로 상세페이지를 꾸몄을 것입니다. 실제로 이 제품에 가장 관심이 높은 20, 30대 여성이라는 타깃을 완전히 놓친 채로 말이죠. 당연히 구매전환율도 예상보다 낮게 일어날 것입니다.

이렇게 데이터로 더 확실한 타깃을 설정했다면 이제 타깃에 맞게 상세페이지를 구성할 수 있습니다. 젊은 여성 중에서도 직장 생활 스트레스로 잠 못 이루는 분, 육아로 불면증이 생긴 분, 취업 준비 스트레스로 인한 불면증 등으로 풀어볼 수 있겠네요.

이처럼 타깃 설정을 어떻게 하느냐에 따라 상세페이지는 크게 달라집니다. 상세페이지뿐만 아니라 제품 판매 전반에 걸쳐 타깃 설정은 아주 중요한 부분임에도 소홀히 여기고 넘기기 십상이죠. 또, 제품에 대한 충분하지 않은 학습이나 지나치게 넓은 타깃 설정은 오류를 만들기 쉽습니다. 가령 타트 체리가 '숙면'에 좋다는 정보 하나만 가지고 '잠이 부족한 모든 사람'을 타깃으로 삼아버리면 정작 실제 구매할 의사가 있는 타깃을 놓치는 것은 물론이고 타깃이 아닌 사람들에겐 이 제품이 매력적으로 보이지 않을 것입니다. 그렇게 되면 가격으로만 경쟁을 해야 하는 상황이 오고 그만큼 아쉬운 결과가 나타나겠죠. 이 제품은 누구를 위한 것이며, 누구에게 팔 것이고, 누가 필요로 하는지를 늘 고민하길 바랍니다.

핵심 정리

- 타깃을 설정하기 앞서 판매할 제품에 대해 학습해야 한다.
- 주관적으로 판단하지 말고 반드시 데이터를 활용하자.
- 이 제품은 누구를 위한 것인지, 누구에게 팔 것인지 그리고 누가 가장 필요로 하는지를 끊임없이 고민해야 한다.

1층.
제품 자랑하기
상세페이지 도입부의 핵심, 제품은 어떻게 자랑해야 할까?

질문 하나를 하겠습니다. 여러분이 지금까지 본 상세페이지들을 떠올려 보세요. 제일 먼저 무엇이 있었나요? 아마 별 5점짜리 리뷰, 업계 1위, 제품 사진 등등 다양한 정보가 떠오를 것입니다. 실제로 제가 강의를 할 때마다 이 질문을 하면 많은 수강생이 비슷한 답을 하죠. 이 질문의 답은 하나입니다. 바로 해당 제품을 판매하려는 업체가 이 제품에서 가장 중요하게 생각하는 것, 즉 **자랑거리**입니다.

이 제품의 자랑거리는 내 제품과 다른 제품을 차별화하는 좋은 장치입니다. 즉, 다른 대체 제품과 비교했을 때 이 제품을 사야 하는 이유가 도입부에서도 상단에 오는 것입니다. 제품을 자랑하는 방법에는 리뷰, 등수, 제품의 외형, 배송 등이 있겠죠. 그렇다면 이 자랑거리를 어떻게 표현해야 효과적인지 대표적으로 3가지 방법과 주의해야 할 사항들을 살펴보겠습니다.

■ '등수, 누적 판매량, 평점' 수치로 자랑하기

등수는 군중 심리를 자극하는 대표적 방법입니다. 같은 제품이어도 나와 비슷한 키워드를 검색한 사람이 많이 구매한 제품에 눈이 가게 되죠. 그래서 가장 많은 상세페이지의 도입부에 자리잡기도 합니다. 하지만, 이 도입부에는 주의가 필요합니다. 바로 **신빙성**입니다.

우선 등수로 자랑하기 위해선 실제로 상위 노출된 이력이 있어야 합니다. 여기서 말하는 상위 노출이란, 반드시 전체 키워드가 기준이 아닙니다. 부문별 키워드에서 상위를 차지한 것만으로도 충분하죠. 예를 들어 판매할 제품이 이어폰이라면 스토어에서 "이어폰"을 검색했을 때 우리 이어폰이 총 검색량 66,700개 중 108위고, "직장인 이어폰"의 검색량 10개 중 1위라면 "직장인 이어폰 부문 1위"라는 문구를 사용하는 것입니다.

별거 아닌 것처럼 보이지만, 이는 강력한 유도 효과를 불러옵니다. 실제로 초유 단백질을 판매하는 한 업체에선 핵심 키워드 '초유단백질'이 아닌 '초유단백질 해외직구'라는 키워드에서 1위를 한 것을 상세페이지 도입부에 사용해 구매전환율을 크게 높이기도 했습니다. 실제로 해당 키워드는 검색량이 10개에 달할 정도로 적었음에도 자랑하기로 고객의 시선을 사로잡은 좋은 사례라고 볼 수 있습니다.

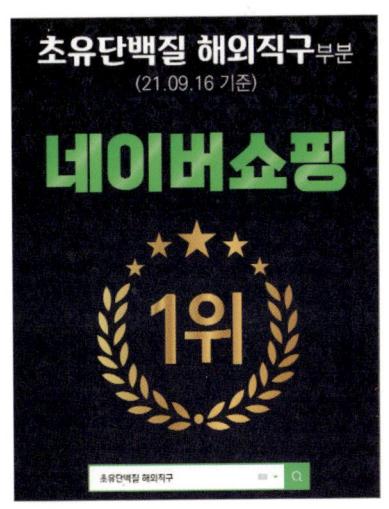

등수 자랑하기의 예시 (출처: 뉴엘 라이프)

등수를 자랑하는 게 이렇게 큰 영향을 미친다면 '네이버 1위', '판매량 1위'와 같은 문구를 사용하면 더 효과가 좋지 않을까요? 그것이 사실이라면 물론 좋습니다. 하지만 근거 없는 자랑하기는 고객을 속이는 것에 불과합니다. 실제로 네이버 스마트스토어에서도 근거 없는 1위 남발을 금지하고 있습니다. 만약 1위를 했다면 언제, 어떤 키워드로 했는지 그리고 1위를 기록한 화면을 캡처한 이미지와 같은 자료가 필요합니다. 그런 의미에서 '판매량 1위'는 사실상 사용할 수 없는 문구입니다. 다른 모든 업체의 판매량을 알 수는 없기 때문이죠.

판매량을 자랑하고 싶다면 근거 없는 등수보다는 자신이 가지고 있는 데이터, 즉 실제 판매량을 활용해 **누적 판매량**을 자랑하는 방식이 효과적입니다.

누적 판매량 자랑하기 예시 (출처: 뉴엘 라이프)

단, 이 방법은 어느 정도 리뷰가 있어야 한다는 전제 조건이 필요합니다. 리뷰가 0건이라면 누적 판매량이 아무리 많아도 신빙성이 없겠죠. 짧은 기간에 판매가 이뤄졌거나 제품 등록을 새롭게 했다면 판매량이 충분히 많아도 리뷰가 부족할 수 있습니다. 리뷰 수와 평점은 이후에도 여러 번 언급하겠지만, 고객이 중요하게 보는 정보 중 하나로 무척 큰 영향을 미칩니다. 따라서 꾸준히 리뷰를 관리하고 리뷰 이벤트로 개수를 쌓는 것도 중요하죠.

리뷰 관리를 하다 보면 자랑하기에 사용할 수 있는 또 하나의 수치가 등장합니다. 바로 **평점**입니다. 리뷰 수가 많을수록 평점 5점을 유지하는 것이 어려워질 확률이 높습니다. 적당량의 좋은 리뷰가 쌓이다 보면 리뷰 개수 30~100개에서 평점 5점이 유지될 때가 있습니다. 이 역시 자랑하기에 '평점 5점 제품'이라는 문구로 활용할 수 있습니다.

평점 5점의 예시

이처럼 판매가 이뤄지는 동안에도 나오는 모든 수치가 상세페이지 도입부를 장식하는 자랑거리로 이용할 수 있으니 늘 민감하게 수치에 집중하고 관리하는 것이 중요합니다.

▰ 수상 내역 자랑하기

수상은 고객의 신뢰를 얻는 아주 기본적인 방법 중 하나입니다. 그래서 기관에서 실제로 수여하는 상을 기재하기도 하지만, 일부 업체에선 마케팅을 위해 비용을 내고 수상을 하는 경우도 있습니다. 하지만 이런 식의 수상 내역은 여러 카테고리에서 위탁 판매를 하고 있을 땐 비용을 들인 만큼의 효과도 없을 뿐더러 구매 욕구를 자극하는 데도 영향을 미치지 못합니다.

반대로 위탁 판매더라도 카테고리 하나를 정해서 나만의 제품인 것처럼 브랜딩을 하거나 또는 자신의 브랜드를 운영하고 있다면 효과적인 전략입니다. 이런 경우 수상은 상세페이지뿐만 아니라 자사몰, 홈페이지, 뉴스 발행 등 다양한 영역에 활용하면 브랜딩에 큰 도움이 됩니다.

상세페이지, 자사몰, 홈페이지의 수상 자랑하기 예시 (출처: 워터포미)

■ 광고 반응 자랑하기

광고 반응 자랑하기는 말 그대로 제품을 광고했을 때 얻었던 긍정적 반응을 상세페이지에 언급해 이목을 끄는 방법입니다. TV 홈쇼핑, 라이브 커머스, SNS 등 피드백을 받을 수 있고 또 검증할 수 있는 곳이면 어디든 좋습니다. 예를 들어 인스타그램에 집행한 광고의 좋아요 수와 조회 수가 높았다면 이를 캡처해 상세페이지를 꾸미는 것입니다.

홈쇼핑에서 완판한 경험이 있다면 이를 활용해도 효과적이겠죠? 물론 단순히 완판보다는 언제 방영된 홈쇼핑에서 몇 차 완판을 했는지까지 언급한다면 신뢰도가 더 높아질 것입니다. 숫자가 구체적일수록 신빙성을 높이는 데 효과적이란 점을 잊지 마세요.

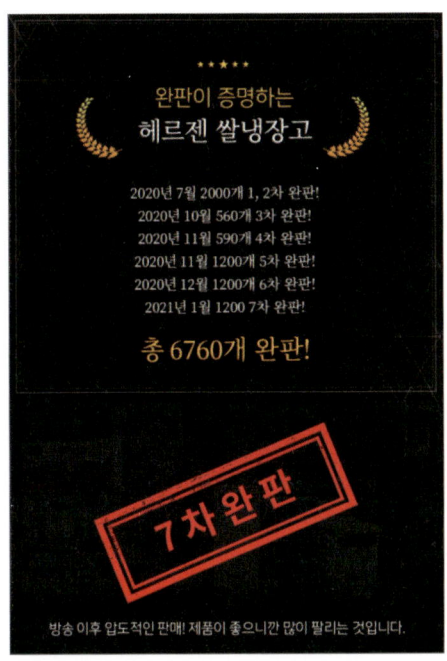

광고 반응 자랑하기 예시 (출처: 헤르젠)

홈쇼핑이나 SNS 광고 외에 최근 자주 볼 수 있는 광고 중 하나가 라이브 커머스입니다. 라이브 커머스에서도 시청자 수, 좋아요 수, 완판 여부 등을 수치로 확인할 수 있으므로 이런 장면들을 캡처해 상세페이지에 활용하면 다른 제품과의 차별점을 강조하는 좋은 수단이 됩니다.

라이브 커머스의 예시 (출처: 워터포미)

■ 효과적으로 자랑하는 방법, 영상 활용하기

스마트스토어에서 제품을 자랑하기 위한 효과적 도구 중 하나가 바로 **영상**입니다. 앞서 말했듯이 보통 맨 상단에는 제품에서 가장 자랑할 만한 요소들을 넣는데, 이때 영상을 활용하면 포털의 다른 채널에서도 노출될 확률이 높아집니다.

상세페이지 제작을 위한 이미지만 준비되어 있고 영상을 따로 제작하지 않았다면 번거로울 수 있지만, 언제 어디서 어떻게 노출될지 모르는 영역인 만큼 15초 이내의 영상을 제작해 활용하는 것이 좋습니다.

> TIP 영상의 재생 시간이 15초가 가장 적당한 이유는 고객이 긴 영상을 선호하지 않기 때문이기도 하지만, 판매자 입장에서도 15초 안에 핵심을 담는 것이 중요하기 때문입니다. 따라서 가급적 영상은 15초를 넘지 않는 것을 권장합니다.

네이버의 스마트스토어를 기준으로 영상을 넣는 방법은 다음과 같습니다.

1. 먼저 제작해 둔 영상 파일을 준비합니다. 상단 홍보용 영상은 **15초 이내**가 좋습니다. 스마트스토어 상품 등록에서 [동영상]란의 [+]를 눌러 준비해 둔 동영상을 첨부합니다.

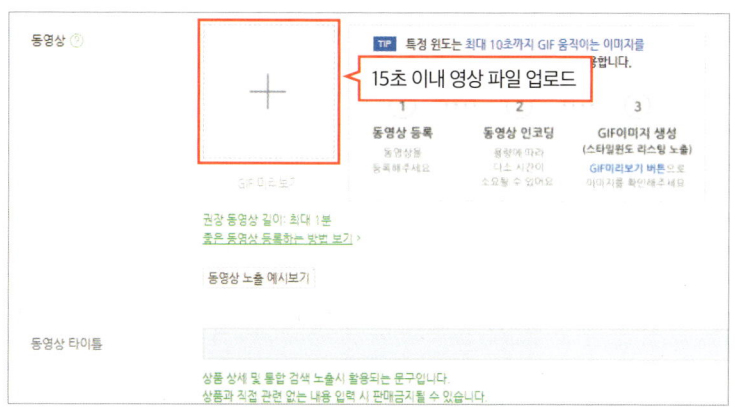

2. 동영상을 첨부하면 **[동영상 타이틀]** 영역이 활성화됩니다. 여기에 영상과 함께 노출시키고 싶은 **키워드**를 20자 이내로 입력합니다. 이때 주의할 점은 제품과 관련 있는 키워드여야 합니다.

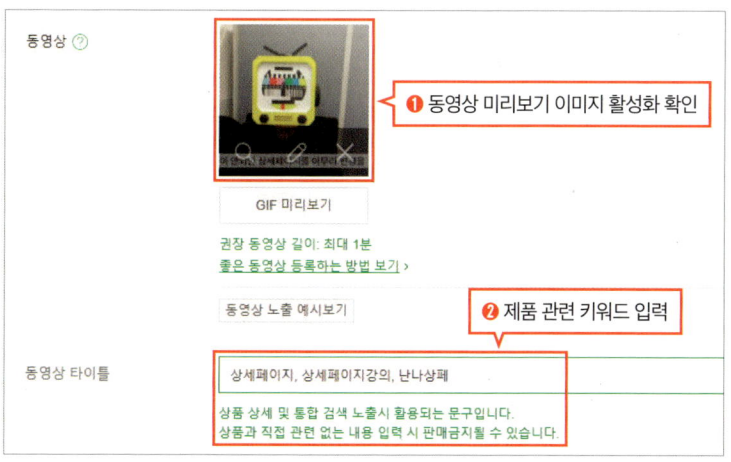

3. 업로드된 영상은 상세페이지의 맨 상단에 다음과 같이 노출됩니다.

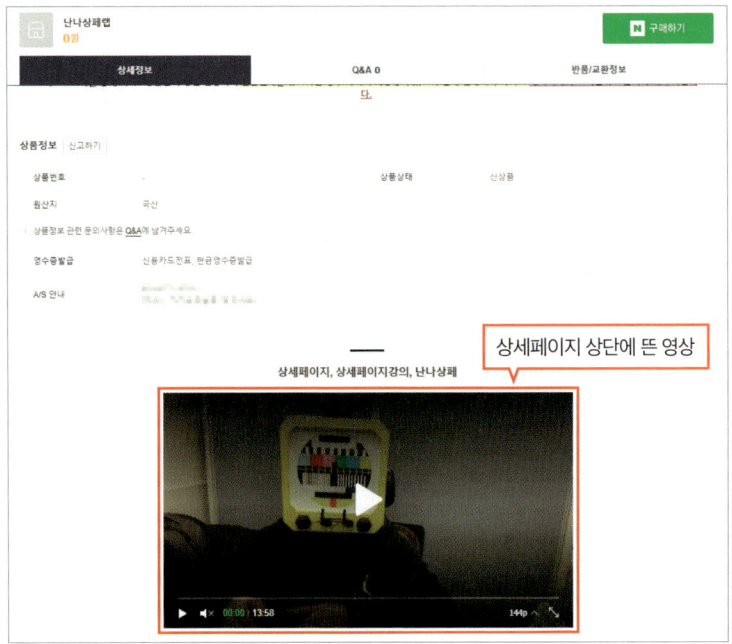

4. 이 영상은 네이버의 [동영상] 카테고리에서도 노출됩니다. [동영상 타이틀] 영역 아래를 보면 "상품 상세 및 통합 검색 노출 시 활용되는 문구입니다."라는 안내를 볼 수 있습니다. 즉, 이 키워드를 네이버에 검색하면 [동영상] 카테고리에 이 영상이 노출될 수 있다는 뜻입니다. 영상 등록까지 마치고 검색을 해보면 다음과 같이 홍보 영상이 뜨는 것을 확인할 수 있습니다.

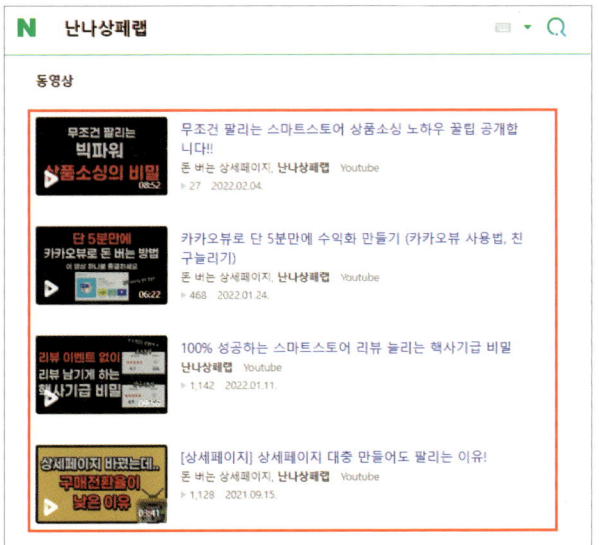

물론 포털 노출 같은 경우 검색량이 많은 키워드일수록 노출될 확률이 낮습니다. 반대로 검색량이 낮으면 노출될 확률이 높아지죠. 그럼에도 약간의 노출 확률이 있다면 시도하지 않을 이유가 없으므로 고퀄리티 영상이 아니어도 좋으니 영상을 꼭 활용하는 걸 권합니다.

도입부는 상세페이지를 끝까지 보게 하기도 하지만, 곧장 뒤로가기를 누르게도 합니다. 그만큼 상세페이지에서 가장 중요한 영역이죠. 그래서 다른 제품과의 차별성을 둘 수 있는 자랑하기가 도입부에 있는 것이 좋습니다.

하지만 자랑하기도 과하면 오히려 독이 됩니다. 판매자 입장에서는 자랑하고 싶은 내용이 많겠지만 고객이 혹하는 마음을 갖게 하는 것으로 충분합니다. 고객 입장에서 중요한 것은 제품에 대한 정보이기 때문이죠.

그렇다고 많은 자랑거리를 굳이 줄일 필요도 없습니다. 과하지 않게 보이도록 잘 배치하면 오히려 효과적인 구성이 될 수 있죠. 상단에 가장 핵심적인 자랑거리를 배치하고 제품 설명을 한 다음 이후 중단 또는 하단에 하나씩 적절하게 배치하는 것도 전략입니다.

> **TIP** 전략적 배치로 고객을 사로잡고 지루하지 않게 하는 방법은 '3층. 구매 욕구를 부르는 문제 제기하기'에서 확인할 수 있습니다.

핵심 정리

- 상세페이지의 도입부는 고객의 시선을 끄는 영역으로, 제품의 차별을 강조할 '자랑하기'가 필요하다.
- '자랑하기' 방법엔 등수·판매량·평점, 수상 내역, 광고 반응 등이 있다.
- 자랑은 과하지 않도록 적절히 배분해서 배치하는 것이 중요하다.

2층.
이목을 끄는 이벤트
고객이 끌리는 이벤트는 따로 있다.

우리 제품의 장점을 충분히 어필했다면 다음엔 여전히 고민 중인 고객의 마음을 사로잡을 이벤트로 이목을 끌어야 합니다. 고객이 제품을 구매할 때는 제품의 품질, 가격을 주요하게 비교하지만, 배송비나 이벤트 등 제품 외적인 요소도 비교해 의사결정을 합니다. 즉, 같은 제품에 같은 가격이라면 혜택이 더 많은 쪽을 선택하죠. 단, 주의할 점은 도입부부터 너무 많은 혜택을 쏟아내는 것은 금물입니다. 왜일까요?

이는 앞서 **1층. 제품 자랑하기**에서 자랑할 거리가 아무리 많아도 적당히 배치해야 하는 것과 같은 원리입니다. 혜택이 다양할수록 좋은 건 사실이지만 아직 고객의 시선이 머물고 있는 곳은 도입부라는 사실을 잊지 마세요. 아무리 좋은 혜택도 지나치면 제품의 가치가 떨어져 보이는 것은 물론이고 나열된 혜택 문구를 보는 것만으로 피로감을 주게 됩니다. 이때 앞서 **1층. 자랑하기**에서 자랑할 게 너무 많을 때 사용했던 방법을 또 한 번 활용할 수 있습니다. 바로 나눠서 여러 군데 배치하는 거죠. 따라서 여러 혜택을 제공하더라도 도입부에선 핵심 혜택이 눈에 확 들어오도록 강조하는 것이 좋습니다.

물론 예외로 도입부부터 다양한 이벤트를 나열하는 게 오히려 좋은 효과를 주는 경우도 있습니다. 누구나 이름만 들어도 알 만한 브랜드의 제품일 때 또는 압도적으로 판매된 주력 제품일 땐 이미 제품을 알고 있는 고객이나 재구매를 원하는 고객이 방문한 경우가 많아 제품 설명보다 혜택을 더 유심히 보기도 합니다.

하지만 그렇지 않은 제품을 판매한다면 이벤트 제공도 전략적으로 할 필요가 있습니다. 그렇다면 스마트스토어에선 주로 어떤 이벤트를 하는지, 고객들이 어떤 이벤트에 이목을 집중하는지 대표적인 이벤트 몇 가지를 살펴보겠습니다.

■ 1. 스토어찜, 소식 알림 쿠폰

네이버에서 쇼핑을 해본 경험이 있다면 한 번쯤 스토어를 찜하거나 소식 알람을 켜면 할인 쿠폰을 발급해준다는 이벤트를 본 적이 있거나 참여해 본 적이 있을 겁니다. 판매자 입장에서는 고객을 한 명이라도 유치하기 위한 할인 혜택일 수 있고, 경쟁 업체에선 모두 발행하고 있어 당연히 해야 하는 것으로 생각하기도 하죠. 크게 효과가 없는 소소한 이벤트 같지만, 지속적으로 이 이벤트를 진행해야 하는 이유는 스마트스토어의 노출 알고리즘과 관련이 있습니다. 스토어찜의 수가 곧 노출 빈도로 이어지기 때문입니다.

스마트스토어 전용 할인 쿠폰

스마트스토어는 리뷰 수, 구매 수 그리고 클릭 수가 많을수록 상위에 노출될 확률이 높아지지만, 그외 영향을 미치는 요소가 있다면 상품찜 수와 스토어찜 수입니다. 즉, 리뷰 수와 구매 수 그리고 클릭 수가 비슷한 경쟁 업체가 있다면 상품찜과 스토어찜 수가 높은 쪽이 상위에 노출되기 때문에 꾸준히 관리하는 것이 중요합니다. 그렇다면 스토어찜 이벤트는 어떻게 진행하는지 간단하게 살펴볼까요?

> **TIP** 네이버 쇼핑의 경우 알고리즘 특성상 '최신성'에도 점수를 주고 있습니다. 경쟁 업체와 똑같은 조건일 경우 최근에 등 록한 상품이 상단 노출된다는 점도 참고하세요.

스토어찜 이벤트 설정하기

1. 스마트스토어 페이지에서 맨 오른쪽 메뉴 중 **[고객혜택관리 → 혜택 등록]**을 클릭합니다.

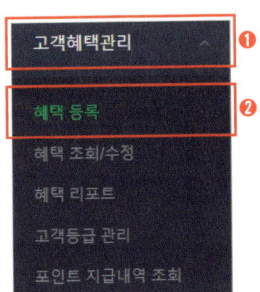

2. 혜택 등록 페이지로 이동하면 [혜택 이름, 타겟팅 대상, 타겟팅 목적] 등을 설정할 수 있습니다. 먼저 혜택 이름을 입력하고 대상, 목적을 하나씩 설정합니다. 스토어찜 수를 높이는 것이 목적이니 대상을 **[스토어찜]**으로 설정해 스토어찜을 한 고객만 혜택을 받을 수 있도록 합니다.

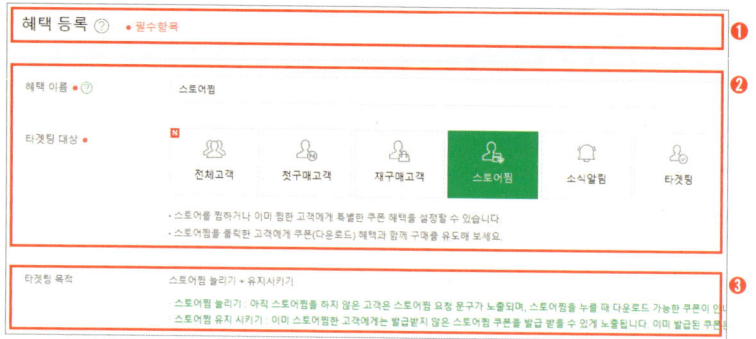

3. 이제 앞서 설정한 대상에게 어떤 혜택을 줄지 선택합니다. **[혜택 종류 → 쿠폰]**을 선택하겠습니다. [쿠폰 종류]는 총 3가지가 있습니다. 그중에서도 상품 단위 할인인 **[상품중복할인]**을 선택합니다. 발급 방법은 고객이 직접 쿠폰을 받는 **[다운로드]**를 선택하고 발급 건수 제한은 **[제한없음]**을 선택하세요.

TIP 단, 쿠폰 다운로드 수는 고객의 ID당 1개로 제한됩니다.

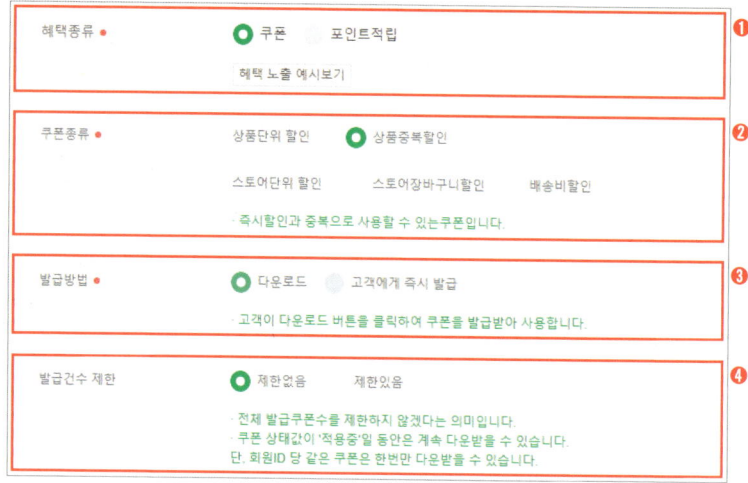

4. **[할인설정]**은 퍼센트와 가격 중 선택해서 설정할 수 있습니다. **[혜택 기간, 쿠폰 유효 기간, 상품상세노출, 혜택상품지정]** 등 필수 항목을 하나하나 선택한 다음 **[확인]**을 눌러 마무리해 주세요.

| 난나의 QnA | [타겟팅 대상]에는 어떤 옵션이 있나요? |

[타겟팅 대상]을 보면 전체 고객, 첫 구매 고객, 재구매 고객 등 총 6가지 옵션이 있습니다. 앞서 예시에서처럼 '스토어찜'을 한 고객을 대상으로 하거나 '소식 알림'을 설정한 고객 등 타깃의 행동을 유도하는 옵션도 있지만, 특정 타깃층의 범위를 선택할 수 있습니다. 6가지 옵션 중 타깃 범위와 관련된 4가지 옵션을 하나씩 살펴보겠습니다.

[타겟팅 대상]의 6가지 옵션

1. **전체 고객**: 타깃을 특정하지 않고 스토어에 방문한 전체 고객을 대상으로 합니다.

'전체 고객' 옵션 이벤트의 예시

2. **첫 구매 고객**: 해당 스토어에서 첫 구매하는 고객이 대상으로, 최근 2년간 구매 이력이 없는 고객도 해당됩니다.

'첫 구매 고객' 옵션 이벤트의 예시

3. **재구매 고객:** 최근 6개월 내 구매 이력이 있는 고객을 대상으로 합니다. 한번 구매한 고객을 대상으로 쿠폰 전략을 활용하면 재구매율이 높아지고 단골 고객을 확보할 수 있습니다.

'재구매 고객' 옵션 이벤트의 예시

4. **타겟팅:** 특정 고객 또는 그룹을 타깃으로 설정할 수 있습니다.

'타겟팅' 옵션의 예시

소식 알림 쿠폰 발행하기

소식 알림 쿠폰을 발행하는 이유는 고객이 알림 설정을 해 두면 마케팅 메시지를 보내 유입을 유도하거나 라이브 커머스를 진행할 때 시청자 수를 높일 수 있기 때문입니다.

물론 알림을 보내도 진입율은 10%도 채 되지 않을 정도로 참여 확률은 낮은 편입니다. 하지만 무료로 할 수 있는 마케팅의 일환이니 놓칠 필요는 없겠죠? 그럼 소식 알림 쿠폰은 어떻게 발행하는지 단계별로 차근차근 살펴보겠습니다.

1. 스마트스토어 페이지에서 맨 오른쪽 메뉴에서 [마케팅메세지 → 마케팅 보내기]를 클릭합니다.

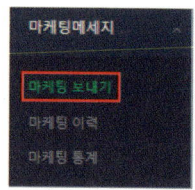

2. STEP 1에서 이벤트를 진행할 스토어를 선택하고 [스토어 확정]을 클릭합니다.

   TIP [무료 전송 가능 수]는 해당 월에 무료 전송할 수 있는 메시지 수로, 전송 완료하며 대상자 수만큼 차감됩니다.

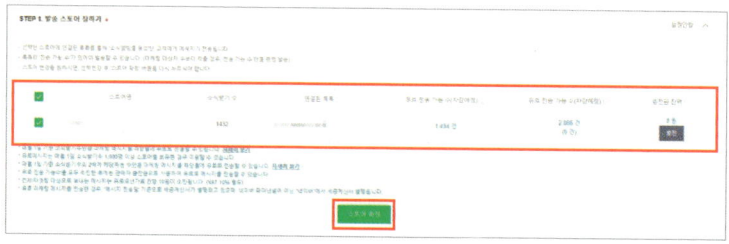

3. STEP 2에선 목표를 설정합니다. 목표를 무엇으로 선택하느냐에 따라 소식 알람 이벤트의 전략이 달라집니다. [소식받기 전체, 첫 구매 유도, 추가 구매 유도…] 등 8가지 옵션이 있는데 이벤트 목적에 따라 타깃을 설정하면 됩니다. 지금은 최대한 많은 고객이 소식 알람을 받는 게 목표이니 [소식받기 전체]를 선택합니다. 모두 설정했다면 맨 아래 [목표 확정]을 클릭하세요.

   TIP 다른 옵션을 선택해서 이벤트 타깃을 세분화해도 좋지만, 알림을 받아도 진입율이 상당히 낮은 편이므로 가능한 한 많은 고객이 이벤트에 참여하도록 [소식받기 전체]를 선택하는 것을 권장합니다.

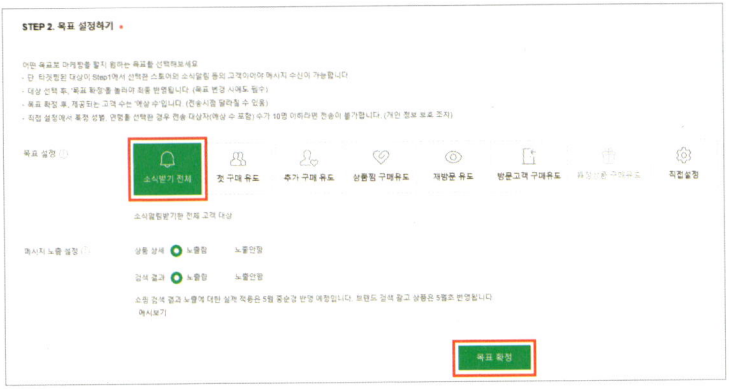

4. STEP 3에서는 클로바 메시지 마케팅을 이용 중인 판매자만 사용할 수 있는 [AI 타겟팅] 진행 여부를 설정합니다. 네이버의 데이터와 인공지능을 활용해 전달받을 확률이 높은 고객을 자동 타기팅하는 기능이죠. 해당 사항이 없다면 **[사용안함]**을 선택하고 **[타겟팅 확정]**을 눌러 다음 단계로 넘어가 주세요.

| 난나의 QnA | 클로바 메시지 마케팅이 뭐예요? |

클로바 메시지 마케팅은 스토어에서 메시지를 보냈을 때 반응할 만한 고객을 선별하여 메시지를 발송하는 기능으로, AI가 메시지 제목과 내용을 작성해 준다는 특징이 있습니다. AI가 고객을 선별하는 기준은 과거에 얼마나 메시지를 받았고 클릭했느냐로, 클릭할 확률이 훨씬 높아지죠. 이 기능은 클로바 메시지 마케팅에서 [추가하기]를 눌러 간단하게 활성화할 수 있습니다.

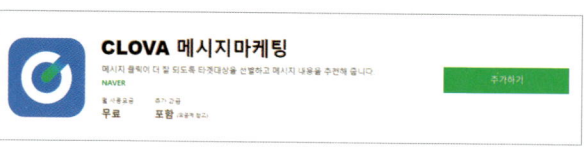

5. STEP 4에서는 첨부할 혜택을 설정할 수 있습니다. 기본적으로 따로 설정해 둔 게 없다면 [혜택첨부함]이 활성화되어 있지 않을 텐데요. [혜택 첨부함]을 선택하려면 **[고객혜택관리 → 혜택등록 → 소식알림]**에서 목적을 **[마케팅 메시지 보내기]**로 설정해야 합니다.

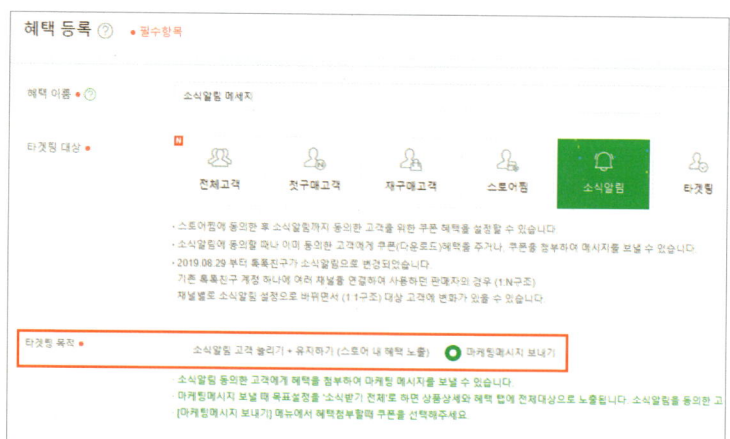

따로 등록한 메시지가 없다면 [첨부안함]을 클릭하고 [혜택 확정]을 눌러 설정을 마쳐 주세요.

6. 마지막 STEP 5에서는 스마트스토어의 채팅 시스템인 '톡톡'에서 고객이 받을 메시지를 편집합니다. 오른쪽 상단의 **[톡톡 마케팅 편집]**을 클릭하면 톡톡 메시지가 글자만 있는 '설명형'으로 보일지 이미지까지 추가한 '이미지형'으로 보일지 등을 선택할 수 있습니다.

> TIP 광고 메시지에는 '설명형'보다는 '이미지형'이 이벤트를 더 잘 드러내 클릭률이 높습니다. '상품리스트형'과 '상품카드형'은 이미지형에 스토어 상품을 3~6개 첨부하는 것으로, 이벤트 상품을 보여주는 데 효과적입니다.

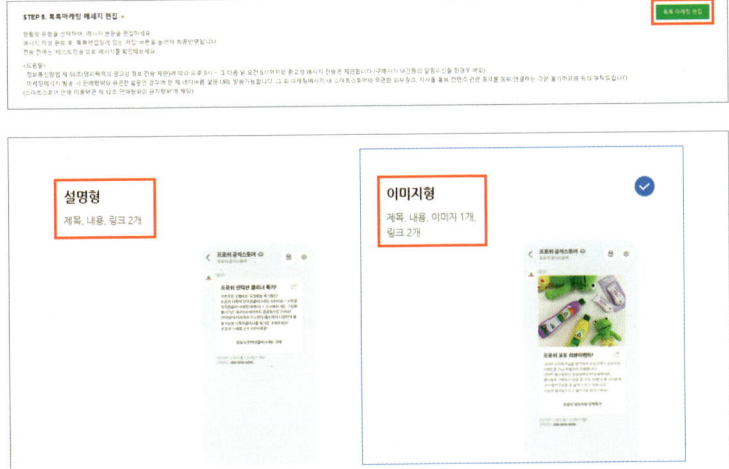

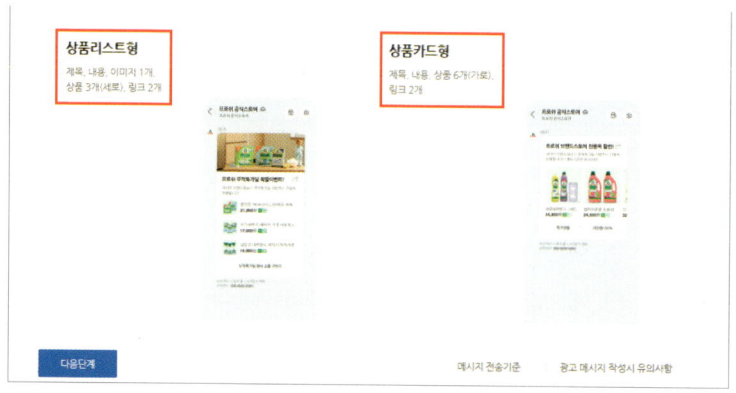

스토어찜 이벤트나 소식 알람 쿠폰 발행은 비용이 들지 않고 제품과 타깃 고객의 니즈가 딱 들어맞을 때 효과적인 마케팅 수단이 되므로 주기적으로 진행하는 것을 권합니다.

2. 포토 리뷰

앞서 언급했듯이 **리뷰**는 고객이 제품 구매를 결정하는 데 큰 영향을 미치는 요소로 꾸준한 관리가 필요합니다. 리뷰 중에서도 **포토 리뷰**는 상세페이지와 리뷰를 빠르게 훑어 보는 고객들에겐 시각적으로 큰 도움이 될 뿐만 아니라 신뢰를 높이는 역할을 합니다. 따라서 포토 리뷰를 많이 쌓을수록 유리하기 때문에 많은 업체가 할인 또는 사은품을 제공하는 방식으로 포토 리뷰 이벤트를 진행합니다.

적립금으로 포토 리뷰를 유도하는 이벤트

이때 중요한 것은 리뷰 이벤트에서 제공하는 혜택의 금액 정도입니다. 마진이 거의 안 남을 정도로 무리하게 고가의 혜택을 제공하거나 참여율이 저조할 정도로 고객이 필요로 하지 않는 혜택을 제공해서는 안 됩니다. 고객이 참여하고 싶을 정도의 혜택 수준을 제공하되 수익이 마이너스나지 않는 적정선을 찾는 것이 가장 중요합니다. 최대 마진이 20~30% 정도는 남는 수준에서 혜택을 제공하는 것이 가장 좋습니다. 이 적정선을 찾지 못하면 판매율은 높지만 순수익은 낮은 경우가 발생할 수 있습니다.

> **TIP** 마진은 판매가와 배송비를 더한 금액에서 매입가, 수수료, 부가세, 포장 비용, 종소세 등을 뺀 금액입니다.

포토 리뷰를 유도할 때 제공하는 혜택도 중요하지만, 이벤트 문구도 전략적으로 사용하는 것이 좋습니다. 예를 들어 단순히 "포토 리뷰 작성하면 OOO을 드립니다!"보다는 "리뷰 4.9점 기념, 고객 감사 이벤트! 정성 가득한 포토 리뷰를 남겨 주시면 OOO을 드립니다!"와 같이 이벤트를 진행하는 이유가 있는 것이 제품에 대한 신뢰도도 높이고 참여율도 높일 수 있습니다. 여기에 실제 리뷰들을 이벤트 이미지에 추가하면 자연스럽게 리뷰까지 노출시키는 효과도 있습니다.

신뢰도와 참여율을 높이는 포토 리뷰 이벤트 이미지 (출처: 헤르젠)

참여 이유를 만드는 것 외에 참여율을 높일 또 다른 방법은 '즉각적 보상'을 약속하는 것입니다. 예를 들어 "포토 리뷰 작성하면 OOO을 드립니다!"라는 문구를 썼다면 여기에 '즉시'라는 단어를 추가하는 것입니다.

또, 수치를 사용해 효과를 더 극적으로 보이게 하는 방법도 있는데요. 바로 증정되는 제품 만큼 할인된 가격을 보여 주는 것입니다.

제품 증정으로 할인된 가격을 보여 주는 예시

단순히 제공할 제품의 개수를 제안하는 것도 좋지만, 가격대가 다소 높은 제품에서는 할인된 가격을 보여 주는 것이 오히려 직관적이고 효과적입니다. 이처럼 같은 이벤트도 어떤 방식으로 제안할지 판매하는 제품의 특성을 고려하는 것이 좋습니다.

3. "3개 구매 시 1개가 더!" 증정 이벤트

앞서 살펴본 스토어찜, 소식 알림 쿠폰, 포토 리뷰 외에도 제품이나 스토어의 특성에 따라 다양한 이벤트를 진행할 수 있는데요. 그중에서도 흔히 볼 수 있으면서 효과적인 이벤트는 구매 조건에 따른 증정 또는 할인 이벤트입니다. 특히 증정 이벤트는 할인 이벤트보다 직관적이어서 실제로 고객이 받는 혜택은 비슷하더라도 훨씬 매력적으로 보이는 효과가 있죠.

특정 수량 이상 구매 시 추가 제품 증정 이벤트의 예 (출처: 워터포미)

해당 이벤트가 얼마나 효과적인지는 판매량으로 검증할 수 있습니다. 실제로 제가 3+1 이벤트를 진행했을 때 구매 고객 대부분이 3개를 구매하는 결과로 이 이벤트의 효과를 입증할 수 있었습니다.

수량	수량
1	3
3	3
3	3
3	2
3	3
3	2
3	3
3	3
3	3
3	1
2	2
3	3

구매 1회당 수량 3개가 대부분인 판매 내역

3+1 이벤트 당시 고객이 구매한 상품 수

구매 수량에 따른 추가 제품 증정 이벤트는 제품을 무상으로 소진하는 방식이다 보니 마진이 크게 줄어드는 것처럼 보일 수 있지만, 판매량과 객단가를 높일 수 있습니다. 예를 들어 이벤트를 진행하지 않는 경쟁 업체와 똑같이 10번의 구매가 일어났다고 가정했을 때 경쟁 업체에선 기본 1개를 판매할 때 이벤트를 진행하는 스토어에선 기본 3개를 구매할 확률이 높기 때문입니다.

만약 앞서 공개한 데이터 대로 3+1 이벤트를 진행했을 때 90% 이상의 고객이 유도한 대로 제품 3개를 한 번에 구매한다면, 경쟁 업체와의 판매량 차이는 3배 이상 차이가 나겠죠. 이렇게 판매량이 높아질 경우 당연히 네이버 쇼핑 순위도 높아집니다. 즉, 객단가를 높일 수 있는 좋은 전략입니다.

단, 이 방법만이 정답은 아닙니다. 가격대가 높은 고관여 제품이거나 제품의 특성상 이벤트가 어려운 제품군인 경우 증정보다는 할인을 세우거나 사은품 이벤트 등 제품의 특성과 타깃을 고려한 사은품 이벤트를 진행하는 등 전략이 필요합니다.

> **TIP** 고관여 제품이란, 가격대가 높고 구매하기까지 고민하는 시간이 길고 정보 습득이 필요한 냉장고, 자동차와 같은 제품을 뜻합니다. 반대로 비교적 가격대가 저렴하고 구매하기까지 과정이 단순한 생필품, 소모품 등을 저관여 제품이라 합니다.

4. 참여율을 높이는 제한하기

앞서 '2. 포토 리뷰'에서도 짧게 언급했듯이 사람은 즉각적 보상에 움직일 확률이 높습니다. 보상을 받기까지 오랜 시간과 노력이 드는 다이어트나 성적 높이기는 어렵지만, 당장 레벨업하는 게 눈에 보이는 게임이 즐거운 것이 이 때문이죠. 이와 같은 인간의 심리를 이용하면 훨씬 참여율이 높은 이벤트를 기획할 수 있습니다. 즉각적 보상 외 인간의 대표적 소비 심리 중 하나가 **마감 효과**입니다.

마감 효과란 쉽게 말해 '매진 임박', '잔여 수량 2개', '단 일주일!'과 제한되는 것에 불안함을 느끼는 심리로, 결정을 촉진하는 효과가 있습니다. 이를 이벤트에 적용한 예를 살펴보면 다음과 같습니다. 다음 이벤트 페이지를 보면 이벤트 내용은 같지만 조건이 조금씩 다른 것을 볼 수 있습니다.

이벤트 조건에 따라 참여율이 달라지는 이벤트 페이지의 예

먼저 ❶번 이벤트 페이지는 '참여하면 혜택을 준다'는 가장 기본적인 방식을 취하고 있습니다. ❷번은 여기에 이벤트를 진행하는 이유를 더했습니다. 덕분에 늘 이 이벤트를 진행하는 건 아니라는 느낌을 전달하죠. ❸번 이벤트 페이지는 여기에 딱 한 가지를 더했습니다. 바로 **이벤트 진행 기간**입니다. 덕분에 고객은 이 이벤트가 한시적으로 받을 수 있는 이벤트임을 인지하게 되고 이 혜택을 놓칠지 모른다는 불안감을 자극해 이벤트 참여율을 높일 수 있죠.

마감 효과의 가장 큰 장점은 어떤 이벤트에도 적용할 수 있다는 것입니다. 가령 앞서 살펴본 특정 수량 이상 구매 시 추가 제품 증정 이벤트에도 단순히 "3개 이상 구매 시 1개 더!"보다는 "다시는 없을 기회! 5월 한 달간 3개 구매 시 1개 더!"라는 문구가 훨씬 효과적이겠죠. 이외에도 얼리버드 이벤트, 재고 수량 기재, 주문 폭주 안내 등 다양한 방식으로 마감 효과를 활용할 수 있습니다.

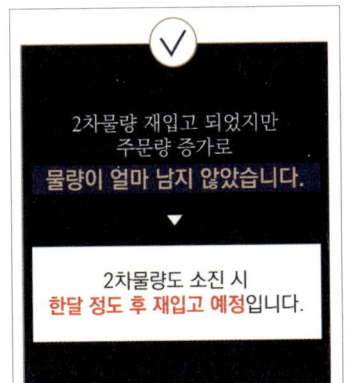 

마감 효과를 활용한 다양한 이벤트의 예시 (출처: 다림낫)

이처럼 조건을 제한하는 마감 효과를 활용하면 이벤트 참여율을 눈에 띄게 높일 수 있습니다. 이를 개념으로는 '걱정거리 주기'가 있는데요. 이에 대한 자세한 내용은 이후 **3층. 구매 욕구를 부르는 문제 제기**에서 살펴보겠습니다.

핵심 정리

- 스토어에서 제공하는 시스템을 활용한 이벤트는 '상위 노출'에 영향을 미친다.
- 이벤트에도 전략이 필요하다. 단, 마진을 지키면서 참여율을 높이는 이벤트를 기획해야 한다.
- 마감 효과를 활용한 '제한'은 고객의 참여율을 높인다.

3층.
구매 욕구를 부르는 문제 제기하기

**매력 있는 상세페이지의 필수 요소,
필요성을 느끼게 하는 '문제 제기'**

여러분이 어떤 오프라인 매장을 방문했다고 가정해 보세요. 매장을 둘러보는 중에 한 친절한 직원이 가까이 다가와 이 제품이 왜 좋은지를 설명하기 시작하면 어떨까요? 물론 그 제품을 사려고 마음먹었다면 유심히 들었겠지만, 그게 아니라면 부담스럽거나 급기야 매장을 빠져나갈 수도 있습니다. 이는 온라인 스토어에서도 마찬가지입니다. 상세페이지에 제품이 좋다고 아무리 자랑해 봐야 사려고 마음먹은 고객이 아닌 이상 마음을 사로잡기가 쉽지 않죠.

7단계 타워 밸런스에서 가장 중요한 요소를 꼽으라면 바로 이 3층 '구매 욕구를 부르는 문제 제기하기'입니다. 즉, 매력적인 상세페이지의 필수 요소죠. 여기서 말하는 '문제 제기'란 쉽게 말해 제품의 필요성을 판매자가 제안하는 것입니다. 여기서 '제안한다'는 것은 이 제품을 구매해야 할 것 같은 감정을 들게 하는 요소를 자극하는 것으로, 쉽게 말하면 고객이 평소에 느끼던 불편함 또는 불안함을 정확히 짚어내는 것입니다.

이후 구체적 예시를 살펴보겠지만, 간단하게 예를 들자면 아이가 있는 집에 살균기의 필요성을 어필하기 하기 위해 집안의 보이지 않는 '세균'

을 언급하는 것, 공기청정기의 필요성을 어필하기 위해 외부의 '미세먼지'를 강조하는 것 등이 여기에 속합니다. 즉, 문제 제기는 일종의 걱정거리를 자극하는 방법이라고도 볼 수 있습니다.

그렇다면 실제 제품에는 이 문제 제기를 어떻게 그리고 효과적으로 적용할 수 있는지, 또 어떤 부분에 주의해야 하는지 등을 살펴보겠습니다.

■ 불편을 짚어내는 문제 제기의 예시

공기청정기라는 제품의 기능은 당연히 '공기를 정화시키는 것'입니다. 이를 액면 그대로 홍보해서는 제품을 '사야겠다'라고 생각한 고객은 잡을 수 있겠지만, '살까말까' 또는 '굳이 필요한가?'라고 생각하는 고객을 잡는 건 어려울 것입니다. 하지만 "미세먼지, 조기 사망률 1위! 공기청정기로 예방할 수 있습니다!"라는 문구가 있다면 어떨까요? 공기청정기라는 제품까지 생각이 미치진 못했지만, 미세먼지를 걱정하는 고객을 잡을 수 있을 것입니다. 즉, 공기청정기의 기능에서 시작하는 게 아니라 고객의 불편에서 시작하는 것이 '문제 제기'의 대표적인 방법입니다.

문제 제기로 불안함을 자극했다면 제품이 이 불안함을 어떻게 해소하는지를 알려 주는 게 자연스러운 순서입니다. 해소하는 과정에서는 제품의 기능과 타 제품과는 다른 장점 등을 어필하는 것이 효과적입니다.

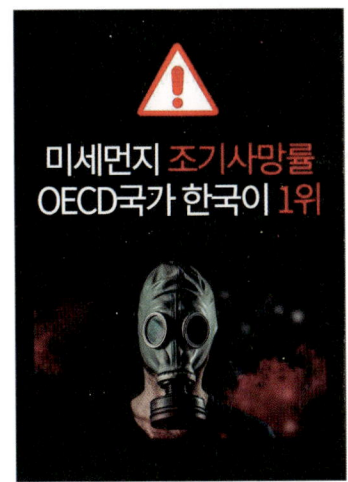 

불안감을 자극한 다음 제품의 기능을 어필하는 '문제 제기'의 예시

앞서 **PART 1. 탄탄한 기반을 다지는 준비**에서 경쟁 업체의 상세페이지를 살펴볼 것을 권했는데요. 이때 매력적이라고 느끼는 상세페이지들을 유심히 보면 대다수 상세페이지가 이 전략을 사용하고 있다는 것을 알 수 있습니다. 상세페이지 전체가 불안-해소를 반복하는 식으로 구성된 경우도 있죠. **문제 제기 → 해소 → 문제 제기 → 해소** 과정을 반복하면서 점진적으로 제품의 기능을 보여 주는 것도 전략입니다.

이때 중요한 것은 '해소' 과정이 반드시 앞서 제기한 문제를 실제로 해소할 수 있는 것이어야 한다는 것입니다. 전혀 문제를 해소할 수 없을 것 같은 기능을 어필한다거나 제품과 관계 없이 그저 이슈가 된다는 이유로 문제를 언급하는 것은 오히려 제품에 대한 신뢰를 하락시킵니다. 따라서 실제 고객이 겪고 있는 불편함으로 문제를 제기한 다음 제품으로 해소하는 순서를 반복하는 것이 중요합니다.

■ 고객도 미처 몰랐던 불편을 발견하는 법

앞서 언급했듯이 문제 제기 후 해소는 살까말까를 고민하는 고객을 사로잡는 효과적 전략으로 무척 유용합니다. 하지만 어떤 문제를 제기해야 할까요? 즉, 달리 말하면 판매하려는 제품이 해결해줄 수 있는 문제는 어떻게 도출할 수 있을까요?

물론 제품의 기능을 어필하는 것도 중요하지만, 앞서 말했듯이 문제 제기와 해소의 순서를 반복하려면 한두 가지 기능으로는 부족할 때가 있습니다. 또, 기능이 너무나도 뻔해 불편이 생길 거라고 생각지 못하는 경우도 있죠.

가령 부엌칼을 판매한다면 불편이라고 해봤자 '잘 안 든다' 외에 떠올리기가 쉽지 않죠. 이때 고객도 미처 몰랐던, 예측 불가한 불편을 제기하면 더욱 효과적입니다. 이런 방식의 문제 제기는 호기심도 자극하기 때문이죠. 또, 고객도 미처 몰랐던 제품의 순기능으로 이목을 끌 수 있습니다. 물론 이 방법은 제품에 따라 달라질 수 있는데요. 구체적으로 어떤 예시가 있는지 하나씩 살펴보겠습니다.

문제 도출의 예 1. 기존 제품에서 문제 도출하기

부엌칼의 기본 기능은 당연히 절삭력입니다. 절삭력이 좋지 않다면 칼을 구매할 이유가 없죠. 이런 기본 기능은 당연히 언급하되 여기에 추가 문제 제기를 해 타 제품과의 차이를 두는 것이 중요합니다.

TIP 여러분이 부엌칼을 판매한다면 어떤 문제를 제기할지 생각해 보세요.

다음 예시에서는 오래된 칼 또는 사용성이 좋지 않은 칼을 사용하는 고객의 불편에 집중해 '불편한 칼로 칼질을 계속하면 손목에 무리가 간다'와 '오래된 부엌칼에 손을 베면 파상풍에 걸릴 수 있다'라는 문제를 제기했습니다.

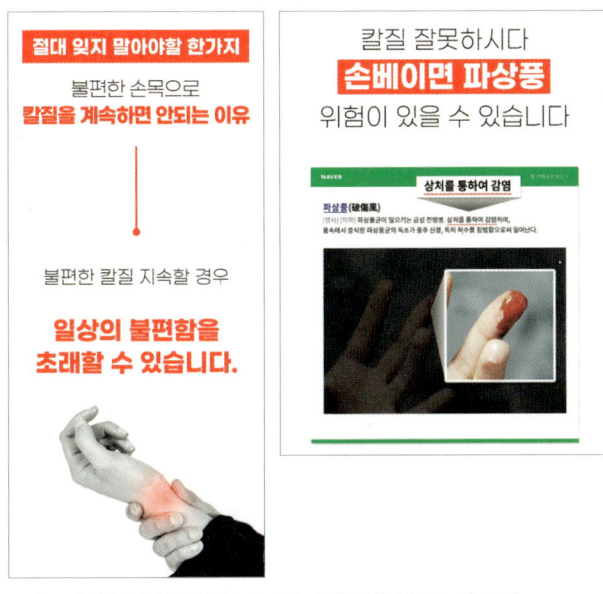

고객도 미처 몰랐던 불편함을 문제로 제기한 예시 (출처: 웨베큐)

문제 도출의 예 2. 타사 제품에서 문제 도출하기

문제 제기에서 쉬운 듯하면서 어려운 카테고리가 바로 '식품'입니다. 자칫하면 의약품으로 오인할 수 있는데다 잘못된 정보를 전달하면 안 되기 때문이죠. 특히 가공 식품은 더더욱 주의가 필요합니다. 예시로 가져온 제품은 초유단백질로, 정 형태의 제품입니다. 대부분 가공 식품이 분말 형태여서 섭취가 불편하다는 점을 언급한 것도 좋지만, 정 형태인 타 제품의 불편한 점까지 언급해 자사 상품의 편리함과 안전함을 동시에 어필했습니다.

TIP 전문 용어나 어려운 정보는 백과사전이나 공신력 있는 자료의 일부를 상세페이지에 첨부해서 신뢰도를 높일 수 있습니다.

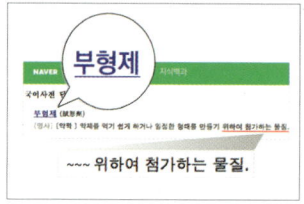

타 제품의 문제를 가져와 문제 제기를 하는 방식의 예시 (출처: 뉴엘라이프)

문제 도출의 예 3. 제품의 강점을 강조하기 위한 문제 도출하기

발열 조끼는 매년 겨울이면 필수로 떠오르는 아이템 중 하나로, 열선을 이용해 발열 기능을 더한 조끼를 뜻합니다. 따뜻하고 편리하다는 장점만 강조해도 좋지만, 여기에 고객들이 걱정하던 부분을 짚어내자면 바로 '전자파'입니다. 전기를 사용하지만 전자파 걱정을 하지 않아도 된다는 제품의 강점을 이용해 문제를 제기한 다음 이를 해소해 제품에 대한 기대치를 높이는 것입니다.

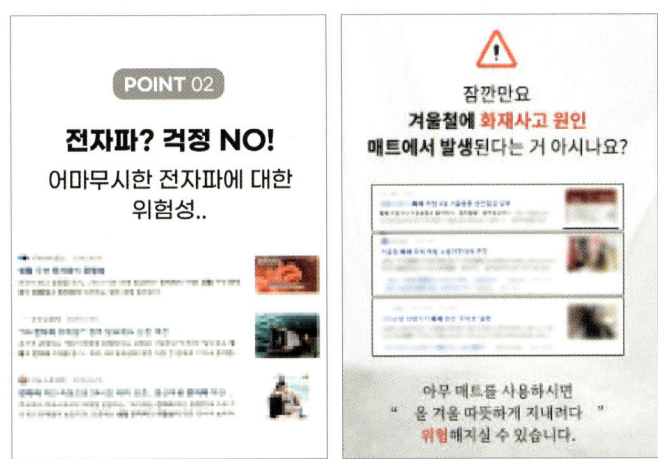

불안감을 강조해 제품의 강점을 드러내는 문제 도출의 예시 (출처: 한국건강센터)

TIP 상세페이지에 객관적 정보를 담아야 할 때는 사전, 논문, 뉴스 기사 등을 활용하는 것이 신뢰도를 높이는 데 도움이 됩니다. 특히 뉴스 기사는 필요 시 직접 기사를 발행하는 방법도 있습니다.

이처럼 문제 제기는 제품 본연의 기능에 집중하는 것은 물론이고 고객이 미처 예측하지 못한 문제를 드러내는 방법입니다. 하지만 제품에 따라 어떤 문제를 제기하는 것이 효과적일지, 또 이 문제를 정말 제품이 해소할 수 있는지를 전달하는 것은 결코 쉽지 않습니다. 물론 불가능하진 않습니다. 반복 연습으로 충분히 누구나 할 수 있죠. 이 문제를 발견하려면 다음 3가지 질문에 답을 찾아 보세요.

1. 이 제품의 핵심 장점은 무엇인가? (제품에 대해 충분히 학습하기)
2. 제품이 없다면 어떤 문제가 생길까?
3. 이 문제가 일상에 어떤 영향을 미칠까?

먼저 '이 제품의 핵심 장점은 무엇인가?'라는 질문은 제품을 충분히 파악했다면 답하기 어렵지 않습니다. 물론 제품의 핵심 장점은 이 질문에 답을 하기 위해서뿐만 아니라 고객 응대나 상세페이지를 제작할 때 등 판매자라면 반드시 파악하고 있어야 하는 부분이므로 판매하는 제품을 충분히 학습하기를 권합니다.

핵심 장점을 파악했다면 두 번째로 '제품이 없다면 어떤 문제가 생길까?'라는 질문을 합니다. 이 질문은 고객이 이런 핵심 장점을 가진 제품이 없을 때 어떤 불편을 겪을지를 찾는 것입니다. 그리고 마지막으로 세 번째 질문 '이 문제가 일상에 어떤 영향을 미칠까?'는 두 번째 질문에서 고객이 겪을 불편이 일상에 어떤 영향을 미칠지 생각을 확장해 보기 위함입니다. 물론 이 모든 질문에 대한 답은 혼자 생각하는 것보다 관련 자료를 찾아 보고 주변에 질문을 하면서 의견을 모아 수집한 데이터를 바탕으로 내리는 것이 가장 좋습니다.

예시로 칫솔 살균기를 판매한다고 가정해 봅시다. 우선 칫솔 살균기의 필요성, 즉 핵심 장점은 칫솔에 세균이 증식하는 것을 방지한다는 것입니다. 그럼 칫솔 살균기가 없다면 어떤 문제가 생길까요? 칫솔 속에 세균이 번식되겠죠? 그러면 자연스럽게 칫솔에 세균이 번식되었을 때 치아에 미치는 영향이 일상에 불편을 초래할 것입니다. 이때 어떤 불편을 초래하는지 자료를 수집하면 3개의 질문에 대한 답이 완성됩니다. 이를 정리하면 다음과 같습니다.

Q. '칫솔 살균기'의 핵심 장점은 무엇인가?

A. 칫솔에 세균이 번식하는 것을 방지한다.

Q. '칫솔 살균기'가 없다면 어떤 문제가 생길까?

A. 칫솔에 세균이 번식한다.

Q. 이 문제는 일상에 어떤 영향을 미칠까?

A. 충치, 잇몸병 등 치주 질환이 발생할 수 있다.

> TIP 단, 상세페이지에서 질병을 언급할 때는 의료용으로 오인을 유발할 수 있어 제한될 수 있으니 사전에 가이드라인을 확인하세요.

이제 이 질문을 판매 제품 또는 눈에 띄는 제품에 대입해 연습해 보세요. 가전제품부터 식품, 의류 등 다양한 카테고리에 적용할 수 있고 생각보다 간단하게 문제들을 발견할 수 있을 것입니다. 이 과정에서 발견한 문제를 상세페이지에 드러내고 해결책을 제안하면 고객 역시 새로운 관점에서 제품을 보게 될 것입니다.

> **난나의 QnA** | 문제 제기가 효과적인 제품군이 따로 있나요?
>
> 앞서 언급했듯이 타사 상세페이지를 벤치마킹하다 보면 '문제 제기'를 사용하지 않은 제품을 찾기가 어려울 정도로 흔히 사용하는 구성입니다. 하지만 이 구성이 얼마나 효과적인지는 제품에 따라 차이가 조금씩 있습니다.
>
> 우선 가장 좋은 제품군은 디지털/가전, 생활/가전입니다. 제품의 '기능'을 강조할수록 장점이 커지기 때문이죠. 반면 패션/의류/액세서리는 기능보다는 미적인 부분이 제품의 가치를 결정 짓는 데 더 큰 영향을 미치기 때문에 문제를 제기하는 게 다소 어렵습니다. 또, 식품 카테고리 역시 광고 심의에서는 식품의 효능, 효과, 질병 등을 언급하는 것은 가이드라인 위반이 되기 때문에 비교적 문제를 쉽게 드러내기가 어렵습니다.
>
> 그렇다고 억지스러운 문제를 만드는 것보다는 제품의 장점을 효과적으로 보여줄 수 있는 다른 방법을 적극적으로 활용하는 것을 권합니다. 문제 제기 외에도 7단계 타워 밸런스에는 매력적인 장치들이 많습니다.

■ 전략적 배치로 효과 극대화하기

문제를 제기했다면 바로 이어서 제품이 그 문제를 해소시켜주고 고객을 안심시켜야 제품에 대한 신뢰도가 극대화됩니다. 즉, 같은 제품을 자랑하더라도 문제 제기가 있고 난 다음 이를 해소할 자랑거리가 있는 것과 문제 제기 없이 자랑거리가 등장하는 건 완전히 다른 상세페이지가 됩니다. 전략적 배치로 효과를 극대화하는 거죠. 방법은 간단합니다. 문제 제기를 한 다음 "그래서 우리 제품은…"이라는 문구와 함께 제품 사진을 배치하는 것입니다.

제기한 문제를 해소하는 제품의 특장점을 강조한 예시
(출처: 뉴엘라이프(왼쪽), 얼라인즈(오른쪽))

문제를 제기하지 않고 단순히 제품을 자랑하는 것보다 앞에서 문제를 제기하고 이를 해소할 자랑거리를 배치하면 제품에 대한 신뢰도가 급격히 상승하는 효과가 있습니다. 이때 인증서 또는 성분표와 같이 객관적인 자료를 활용하면 효과는 더욱 커집니다. 식품 같은 경우 HACCP 인증 마크, 공산품이라면 KC인증마크 등을 눈에 띄게 보여 주는 것이 좋습니다.

예를 들어 발열 조끼의 문제로 '전자파'를 내세웠다면 단순히 이를 해결한 제품이라는 문구만 있는 것보단 인증 마크가 있는 게 훨씬 신빙성이 높을 것입니다. 순수 타트 체리만 사용한 식품이라는 걸 알리기 위해 성분표를 공개하는 것도 신뢰도를 높이는 방법이죠.

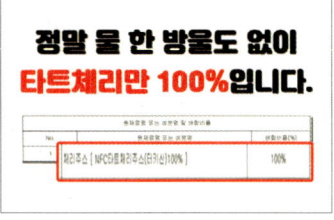

객관적 인증 자료로 신뢰도를 높이는 방법 (출처: 한국 건강센터(왼쪽))

객관적 인증 자료를 첨부하는 것도 좋지만, 뭐든 과하면 모자른 것만 못하듯이 이 또한 전략적으로 배치하는 것이 중요합니다. 가령 상세페이지에서 '문제 제기 → 해소'를 3번 반복할 때 해소 방법을 모두 인증으로만 채우는 것은 오히려 효과가 떨어지죠. 따라서 구성을 반복할 때는 각기 다른 내용을 채우는 것이 좋습니다.

예를 들어 인증서를 한 번 활용했다면 이후엔 간단하게 제품 사진, 별점이 높은 리뷰나 카테고리 내 판매 등수, 판매량 등 앞서 **1층 제품 자랑하기**에서 살펴본 자랑할 만한 요소들을 배치하는 것도 좋습니다. 이외에도 제품만의 다양한 장점을 활용해 해소 구간을 꾸밀 수 있으니 폭넓게 생각을 펼쳐서 기획해 보길 바랍니다.

| 난나의 QnA | 제품 사진만으로 어떻게 문제 해소를 할 수 있나요? |

문제 제기 이후 단순히 제품 사진을 노출하는 것만으로도 문제 해소가 될 수 있습니다. 바로 마법의 단어 "그래서~"가 있다면 말이죠. 예를 들어 '난나 의자'라는 제품을 판매한다고 가정한다면, 타사 의자를 사용할 때 일상생활에서 겪을 수 있는 불편한 점을 문제 제기로 노출한 다음 문제 해소 구간에서 제품 사진과 함께 "그래서 탄생했습니다! 난나 의자"라는 문구만 사용해도 다른 제품과는 다른 점을 드러낼 수 있습니다.

> **핵심 정리**
>
> - 문제 제기란, 고객에게 제품에 대한 필요성을 만들어 주는 것이다.
> - 불편함을 자극하기 위해서는 예측 불가한 것을 언급하고, 제품의 필요성(핵심 장점)을 파악해야 한다.
> - 문제 제기 이후엔 반드시 문제 해소를 배치해 제품에 대한 신뢰도를 높여야 한다.

PART 3
스토리텔링과 브랜딩으로 차별화된 상세페이지

PART 3에서는 스토리텔링과 차별화로 경쟁 제품과의 차이를 확연히 보여 주는 방법 그리고 브랜드를 구축하는 방법들을 살펴보겠습니다.

PART
3
스토리텔링과 브랜딩으로
차별화된 상세페이지

☐ 4층. 공감할 수 있는 스토리텔링

☐ 5층. 핵심 가치 제대로 어필하기

☐ 6층. 리뷰로 설득하기

☐ 7층. 브랜드 스토리

4층.
공감할 수 있는 스토리텔링

상세페이지에도 커뮤니케이션이 필요하다.

문제 제기와 해소만큼 고객의 시선과 마음을 사로잡을 수 있는 전략이 있다면 바로 **공감할 수 있는 스토리텔링**입니다. 여러분이 오프라인 매장을 방문했을 때 직원이 무턱대고 요즘 잘나간다는 제품을 설명해 주면 어떨까요? 아마 구매하고 싶은 욕구가 생기긴 어려울 겁니다. 대뜸 제품을 추천하기보단 먼저 고객이 무엇을 필요로 하는지, 어떤 것이 불편해 매장을 찾게 되었는지 질문하고 공감한 다음 제품을 설명한다면 완전히 다른 결과를 가져올 것입니다.

가령 화장품 매장을 방문했을 때 단순히 '이 제품이 잘나가요.'보다는 '요즘 날씨가 건조해서 속당김이 있지 않으세요? 보습 크림 사용해 보셨으면 아시겠지만, 맞지 않는 제품 쓰면 유분감만 있고 속은 계속 건조하더라고요.'와 같이 고객의 불편함을 이해하는 말을 던지면 오히려 고객이 제품 추천을 요청하기도 합니다. 즉, 고객과 **공감**이라는 도구로 커뮤니케이션을 하는 거죠.

상세페이지도 다르지 않습니다. 공감대를 형성하지 않고 제품 설명을 하는 것은 커뮤니케이션에 실패하는 것입니다. 더군다나 얼굴, 표정, 몸짓이 보이지 않는 이미지 한 장으로 고객과 커뮤니케이션을 하는 것은 더

더욱 전략이 필요합니다. 이때 어떤 제품에서든 활용할 수 있는 2가지 방법을 알려드리겠습니다.

1. 경쟁 업체의 평점 낮은 리뷰 살펴보기

공감의 기본은 상대방의 불편을 파악하는 것입니다. 예를 들어, 에어프라이어용 종이 호일을 판매하기 위해 본인의 경험에만 기반해 '종이 호일이 찢어져서 고민이신가요?'라는 스토리텔링을 하면 실패할 확률이 높습니다. 즉, 공감대 형성에 실패하는 것입니다. 이때 가장 좋은 방법은 경쟁 제품 또는 경쟁 업체의 리뷰를 살펴보는 것입니다. 그것도 평점이 낮은 리뷰를요.

평점이 낮은 리뷰를 살펴보면 해당 제품에 고객들이 어떤 점을 불편해 하는지, 무엇을 개선했으면 하는지 힌트를 얻을 수 있습니다.

> **난나의 QnA** | 평점이 낮은 리뷰는 어떻게 확인할 수 있나요?
>
> 평점이 낮은 리뷰는 정렬 방식만 바꾸면 한눈에 확인할 수 있습니다. 네이버 쇼핑을 예로 들면, 리뷰란 오른쪽 상단에서 [랭킹순, 최신순, 평점 높은순, 평점 낮은순]으로 정렬할 수 있는데요. 여기서 [평점 낮은순]을 선택하면 평점이 가장 낮은 리뷰부터 볼 수 있습니다.
>
> 이때 주의할 점은 평점 1점만 보는 것보단 2점, 3점까지 꼼꼼하게 봐야 불편을 느끼는 지점을 세세하게 파악할 수 있습니다.

평점이 낮은 리뷰에서 고객이 불편해 하는 지점에 대한 힌트를 모았다면 다음 차례는 상세페이지의 스토리텔링 구간에 녹여는 것입니다. 비록 고객과 얼굴을 맞대고 이야기를 나누는 것처럼 실시간 양방향 커뮤니케이션을 할 수는 없지만, 공감을 일으키는 것만으로 충분히 마음을 움직일 수 있습니다.

가장 간단한 방법은 이렇게 수집한 리뷰를 고스란히 상세페이지의 이미지 자료로 활용하는 것입니다.

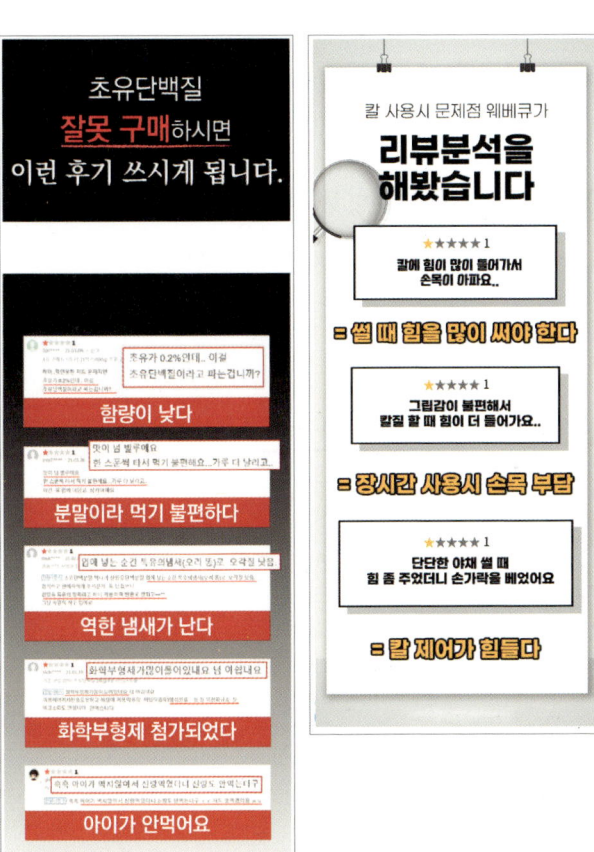

평점 낮은 리뷰를 활용한 공감 불러일으키기 (출처: 뉴엘라이프(왼쪽) - 웨베큐(오른쪽))

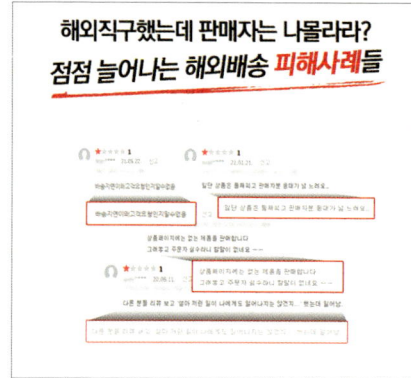 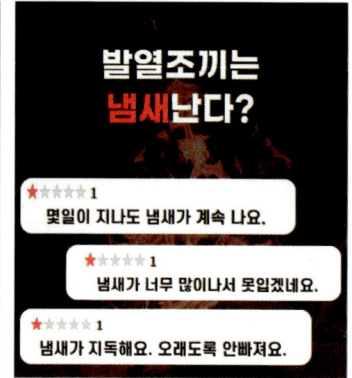

평점 낮은 리뷰를 활용한 공감 불러일으키기 (출처: 얼라인즈(왼쪽), 한국건강센터(오른쪽))

이처럼 리뷰는 공감 스토리 외에 앞서 **3층. 구매 욕구를 부르는 문제 제기하기**에서 문제를 제기할 때도 활용할 수 있습니다. 수집한 리뷰를 그대로 이미지 자료로 활용해 기존 제품에 이런 문제가 있고, 우리 제품엔 이 문제를 해결할 장점이 있다고 말이죠. 리뷰를 그대로 쓰는 방법 외에도 여기서 얻은 힌트로 문제 제기의 주제를 잡는 것도 좋은 활용법입니다.

2. 단어잇기로 스토리 확장하기

평점 낮은 리뷰를 활용하는 것만으로도 고객의 불편에 공감하고 있음을 충분히 드러낼 수 있지만, 여기에 한 단계 더 나아가 스토리텔링을 만들면 더 효과적인 반응을 일으킬 수 있습니다. 이때 제가 가장 자주 활용하는 방법이 바로 **단어잇기**입니다. 단어잇기란, 말 그대로 단어를 이으면서 확장하는 방법인데요. 쉽게 말하면 '원숭이 엉덩이는 빨개'라는 동요처럼 연상 단어를 잇는 것입니다.

원숭이 엉덩이는 빨개 → 빨가면 사과 → 사과는 맛있어

→ 맛있으면 바나나 → 바나나는 길어 → 길으면 기차 → 기차는 빨라

→ 빠르면 비행기 → 비행기는 높아 → 높으면 백두산

이렇게 연관된 특성만으로 새로운 단어를 연결하다 보면 완전히 다른 단어가 나오듯이 고정관념을 버리고 생각을 넓히는 것입니다. 즉, 계속해서 스스로에게 묻고 대답하는 형식으로 연결하면 됩니다. 제품을 제일 첫 단어로 두고 생각나는 단어 또는 문장을 꼬리에 꼬리에 물고 질문하면서 나열하는 거죠. 석류 콜라겐이라는 제품으로 간단하게 예시를 살펴볼까요?

석류 콜라겐 → **콜라겐**은 피부 **탄력**에 좋다. → **탄력**이 떨어지면 **주름**이 진다.

→ **주름**은 화장으로 커버한다. → **화장**은 **특별한 날**에 한다.

→ **특별한 날**엔 **기분**이 좋다.

이때 주의할 점은 지나치게 주관적이지 않아야 하며 앞에 나온 단어들과 반드시 연결되어야 한다는 것입니다. 이런 식으로 제품의 장점인 '피부 탄력'에서 '주름' 그리고 '화장' 그리고 '특별한 날'과 '기분'까지 연결되었습니다.

얼핏 보면 관계 없는 결론에 도달한 것 같지만, 이렇게 도출한 단어를 조합하면 독특하고 재미있는 스토리가 완성될 것입니다.

> **TIP** 단, 주의할 점은 단어잇기는 어디까지나 연관 있는 단어와 아이디어를 도출하기 위한 것이지 이 순서대로 스토리를 만들기 위함이 아닙니다.

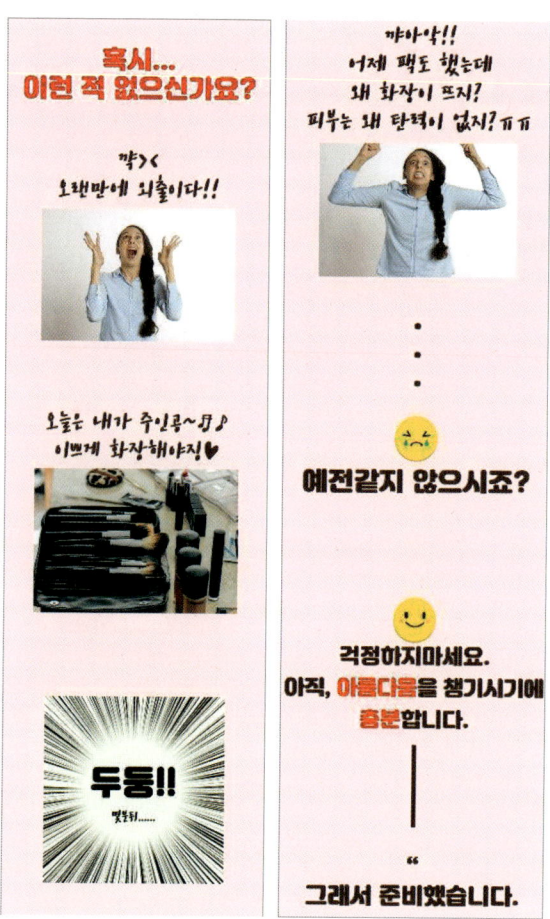

단어잇기로 완성한 상세페이지의 스토리텔링

이렇게 단어잇기를 활용하면 간단한 스토리를 단계별로 나누고 거기에 어울리는 이미지를 삽입하는 것만으로 공감을 불러일으키고 시선을 잡아끄는 상세페이지를 완성할 수 있습니다. 디자인이 화려하거나 문장이 유려하지 않아도 톡톡 튀는 스토리텔링이 시선을 훨씬 오래 잡아끌 확률이 높죠. 단순히 될 뿐만 아니라 제품을 중심으로 꼬리의 꼬리를 문 단어 연상 기법 덕분에 공감도 끌어낼 수 있습니다. 이 두 가지가 잘 어우러지면 뛰어난 디자인 감각이 없어도 잘 읽히는 상세페이지를 완성할 수 있습니다.

다른 예시로 연습해 볼까요? 만약 쌀 냉장고에 대한 스토리텔링이 필요하다면 어떤 것들을 연상할 수 있을까요? 단어가 연결되도록 유의하면서 계속 질문하며 다음 칸을 채워 보세요. 반드시 칸 개수에 제한될 필요는 없으니 떠오르는 대로 써도 좋습니다.

쌀 냉장고 ▶ ☐ ▶ ☐ ▶ ☐ ▶ ☐ ▶ ☐

저는 '쌀 냉장고'에서 '밥'이라는 단어와 '한국인은 밥심'이라는 문장이 떠올랐습니다. 그리고 나니 밥이 있는 공간이 연결되었습니다. 밥은 집에서도 먹고 식당에서도 먹을 수 있지만 '집밥'으로 정했고 자연스럽게 제가 자라온 환경과 연결돼 '어머니의 사랑'이 떠올랐죠.

쌀 냉장고 ▶ 밥 ▶ 한국인의 밥심 ▶ 집밥 ▶ 어머니의 사랑

이렇게 저는 '쌀 냉장고'에서 '어머니의 사랑'을 도출했습니다. 그렇다면 자연스럽게 어머니가 차려준 따뜻한 집밥으로 공감대를 형성하는 스토리텔링을 만들 수 있을 것입니다. 그리고 이 스토리의 단계를 나누면 각 단계에 어떤 문구와 어떤 이미지를 넣는 게 효과적인지까지 뻗어나갈 수 있겠죠. 그런 다음 마지막으로 제품의 장점을 연결하면 흡인력 있는 상세페이지를 완성할 수 있습니다. 여러분의 마지막 단어는 무엇인가요?

> **난나의 QnA**　　**공감대를 형성할 때는 무엇에 주의해야 하나요?**
>
> 제품을 자랑하는 것도, 문제를 제기하는 것도 과하지 않은 것이 중요합니다. 스토리텔링은 어디까지나 공감대를 형성하기 위한 도구일 뿐 제품 자체를 부각시키진 못합니다. 즉, 스토리에 빠져 제품의 성능에서 아예 벗어난 얘기를 구구절절 늘어놓지 않도록 주의해야 합니다.
>
> 정작 필요한 제품 설명보다 공감대 형성에 집중하느라 글이 많으면 조잡해 보이고 오히려 가독성이 떨어져 역효과가 날 수 있습니다. 또는 반대로 성능을 드러내는 데만 집중해 공감이 전혀 되지 않는 스토리를 구성하는 것도 경계해야 합니다.

공감대를 형성하기 위한 스토리텔링과 3층에서 살펴본 문제 제기하기만으로도 경쟁 업체와는 확연히 다른 신선하고 매력적인 상세페이지를 완성할 수 있습니다. 즉, 다른 요소가 빠지더라도 이 2가지는 가급적 포함하는 것을 권합니다.

앞서 언급했듯이 공감대 형성은 문제 제기의 요소가 될 수 있습니다. 즉, 이 2가지를 꼭 구분할 필요는 없다는 것입니다. 우리가 집중해야 할 것은 상세페이지의 도입부부터 고객의 마음을 움직일 수 있도록 전략적으로 배치하는 것입니다. 따라서 이런 장치들을 어떻게 활용하는 게 효과적인지를 고민하고 또 다른 제품의 상세페이지를 벤치마킹하면서 도입해 보세요.

핵심 정리

- 공감대 형성은 고객의 호기심을 자극하고 마음을 움직이는 장치다.
- 고객의 불편을 파악하기 위해선 경쟁 업체의 리뷰를 '평점 낮은순'으로 확인해야 한다.
- 단어잇기를 적용하면 톡톡 튀고 매력적인 스토리텔링을 만들 수 있다.
- '문제 제기-해소'와 '공감대 형성'을 구분하지 않고 전략적으로 활용할 수 있다.

5층.
핵심 가치 제대로 어필하기

고객 중심으로 사고해야 핵심 가치를 끌어낼 수 있다.

판매자 입장에서는 내 제품의 자랑거리가 많을 수밖에 없습니다. 하지만 고객 입장에서는 장점을 나열하기만 하면 판매자가 가장 드러내고 싶은 장점을 파악하기가 어렵습니다. 따라서 아무리 자랑하고 싶은 게 많아도 과감하게 덜어내고 가장 중요한 장점, 즉 **핵심 가치**를 제대로 전달하는 것이 중요합니다. 여기서 중요한 것은 핵심 가치는 판매자의 주관적 생각으로 결정하는 것이 아니라는 점입니다. 고객이 이 제품의 어떤 점을 눈여겨 보느냐가 중요하죠. 그렇다면 핵심 가치는 어떻게 뽑고 어떻게 전달해야 하는지 단계별로 알아봅시다.

▬ 1단계. 리뷰에서 핵심 가치 찾기

앞서 **4층. 공감할 수 있는 스토리텔링**에서 살펴봤듯이 경쟁 업체의 리뷰는 고객이 무엇을 필요로하는지 또는 반대로 불편해 하는지를 파악할 수 있는 무척 중요한 **정성적 데이터**입니다. 특히 높은 평점보다는 낮은 평점에서 더 유의미한 데이터를 얻을 수 있죠. 평점 낮은 리뷰를 활용하는 방법을 순서대로 살펴보면 다음과 같습니다.

1. 경쟁 업체의 제품 페이지 리뷰를 **[평점 낮은순]**으로 정렬합니다.

2. 리뷰를 토대로 경쟁 업체의 '단점 리스트'를 작성합니다. 그런 다음 단점 중 우리 제품이 보완할 수 있는 단점 1가지를 뽑습니다.

> TIP 예시로는 단점 3가지, 보완할 대표 단점 1가지만 뽑았지만, 실제로는 단점 5가지 이상, 보완할 대표 단점 2~3가지 이상 꼽아도 좋습니다.

이런 식으로 단점 리스트를 작성하면 우리 제품에서 어떤 부분을 어필해야 할지 쉽게 확인할 수 있을 뿐만 아니라 두서 없이 장점을 나열해 핵심 가치가 제대로 전달되지 않는 것을 방지할 수 있습니다.

낮은 평점으로 뽑은 핵심 가치를 어필한 상세페이지 예시 (출처: 얼라인즈)

■ 2단계. 머릿속에 콕! 박히는 핵심 가치 반복하기

독일의 심리학자 헤르만 에빙하우스 Hermann Ebbinghaus의 연구에 따르면 인간은 한번 기억한 것을 1시간 정도 지나면 50% 이하, 1달이 지나면 20% 이하를 기억한다고 합니다. 그렇다면 구매를 목적으로 훑듯이 보는 상세페이지를 기억할 확률은 이보다 낮을 것입니다. 즉, 상세페이지라는 이미지 한 장만으로 고객이 제품의 장점을 기억하게 하기 위해서는 전략적 장치가 필요하다는 뜻입니다. 앞서 고객의 시선에서 핵심 가치를 뽑았다면 이번엔 이 핵심 가치를 기억하게 할 방법이 필요합니다. 바로 **반복**입니다. 그것도 무작정 반복하는 것이 아니라 일정한 간격을 두고 반복하는 거죠. 그렇다면 가장 효율적인 반복 횟수는 몇 번일까요?

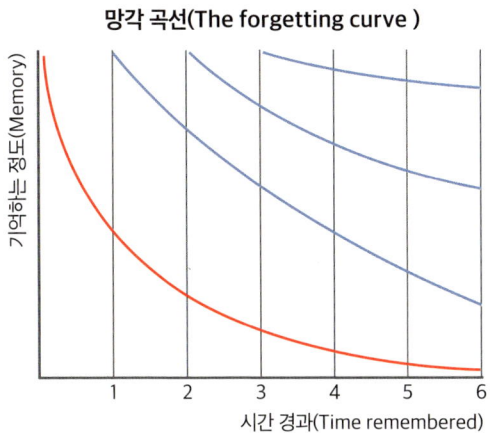

에빙하우스의 망각 곡선

에빙하우스에 따르면 인간의 장기기억에 저장되기 위해선 적어도 3~4회 이상 반복하는 것이 가장 효과적입니다. 하지만 고객이 스토어를 여러 번 방문하거나 상세페이지를 반복해서 보게 하는 것은 무척 어려운 일이므로 제품의 핵심 가치를 한 장의 상세페이지에 3~4번 반복하는 전략을 사용할 수 있습니다.

예를 들어 앞서 누룽지 제품에서 찾은 핵심 가치 중 '탄 맛이 나지 않는다'를 전달하고 싶다면, 상세페이지를 다음과 같이 구성하는 것입니다.

```
도입부 - 제품 소개 영상

    핵심 가치 전달(1)

    공감 스토리

    핵심 가치 전달(2)

    리뷰

    핵심 가치 전달(3)
```
전략적으로 반복하는 상세페이지 구성

반복은 단순히 핵심 가치 전달 뿐만 아니라 전달하고 싶은 어떤 내용에도 적용할 수 있습니다. 진행 중인 이벤트를 강조하고 싶을 때나 제품의 자랑거리 등 꼭 전달하고 싶은 내용이 있다면 반복을 기억하세요.

3단계. 문장 다이어트

상세페이지 진단 컨설팅을 진행하면서 가장 많이 한 말 중 하나가 **문장 다이어트**였습니다. 의외로 상세페이지 구성도, 디자인도 나쁘지 않은데 무언가 눈에 확 들어오지 않는 경우가 의외로 많습니다. 즉, 가독성이 나쁜 경우죠. 이 경우엔 문장 다이어트만 해도 상세페이지의 몰입도를 높일 수 있습니다. 문장 다이어트의 핵심은 **장문은 줄이고 핵심 단어는 반복하는 것**입니다. 앞서 단점 리스트를 활용해 문장을 써볼까요?

저희 ○○제품은 청정 지역에서

프리미엄 전통 방식으로

재배하고 재가공하여 품질이 뛰어납니다.

핵심 가치를 잘 전달하려는 시도지만, 고객 입장에선 낯선 단어 투성이라 제대로 전달되지 않을 확률이 높습니다. 여기서 전달할 문장, 단어만 남겨 두고 과감하게 지워 보세요.

저희 ○○제품은 ~~청정 지역에서~~

~~프리미엄 전통 방식으로~~

~~재배하고 재가공하여~~ 품질이 뛰어납니다.

이제 이렇게 줄인 문장을 재배치해 볼까요?

품질이 뛰어난 ○○

이렇게 다이어트된 문장은 핵심 가치를 훨씬 잘 전달할 뿐만 아니라 훑듯이 읽는 상세페이지의 특성상 필요한 단어만 전달할 수 있어 경제적이죠. 여기에 추가로 관련된 이미지를 활용하면 훨씬 눈에 잘 들어올 것입니다. 이렇게 짧고 강렬한 문장은 앞서 2단계에서 다룬 '핵심 가치 반복하기'에도 활용하기 효과적입니다.

문장 다이어트의 예시 1 (출처: 한국건강센터)

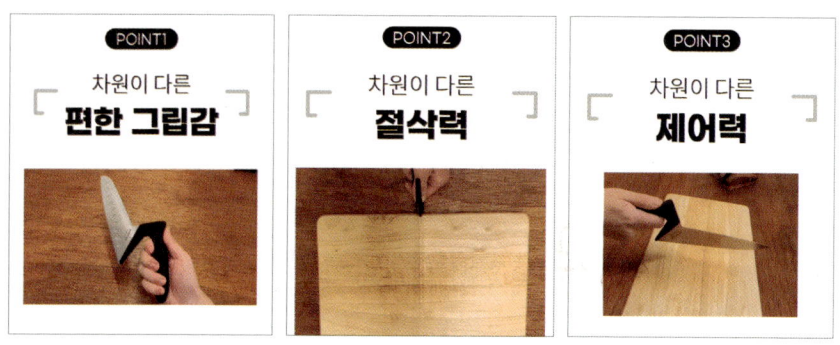

문장 다이어트의 예시2 (출처: 주방공학연구소 - 웨베큐)

과감하게 생략한 부가 정보는 제품 설명만으로도 충분합니다. 가장 전달하고 싶은 내용이 무엇인지 고민하고 분석한 다음 과감하게 문장 다이어트를 시도해 보세요.

■ 4단계. 클릭을 부르는 동영상, gif 활용하기

앞서 네이버 스마트스토어 판매자라면 제품 핵심 장점을 어필하는 동영상을 꼭 활용할 것을 권했습니다. 검색 포털에 노출되기 위함이었죠. 하지만 정작 상세페이지를 읽는 고객이 동영상을 클릭할 확률은 무척 낮습니다. 한 번 더 클릭하는 번거로움, 영상을 보는 시간 그리고 뻔히 제품 홍보 영상일 거라는 예상 때문입니다. 따라서 동영상을 보는 것이 번거로움이 아니라 '호기심을 자극하는 것' 또는 '정보'라는 것을 알려줄 힌트가 필요합니다. 소비자 입장에서 절로 클릭하게 되는 동영상은 공통적으로 이런 구성을 취하고 있습니다.

클릭하게 되는 영상의 구성

위쪽엔 동영상, 아래쪽엔 동영상의 일부로 만든 gif 파일을 배치하는 것입니다. 즉, 영상을 재생하지 않아도 2~3초짜리 영상의 핵심 부분을 보게 되는 거죠. 이 짧은 부분으로 호기심을 자극하면 고객은 자연스럽게 영상을 클릭하게 됩니다. 실제 제가 진행했던 한 상세페이지에선 코믹한 제품 소개 영상 아래에 그 영상의 핵심 장면을 gif로 제작해 배치하자 조회수 1만 이상이라는 폭발적 반응을 얻을 수 있었습니다.

동영상과 gif 파일로 클릭을 유도하는 구성 (출처: 웨베큐)

동영상을 보는 과정까지 거쳤다면 제품에 대한 관심도 그만큼 커지기 때문에 구매율도 자연스럽게 오르게 되죠. 만약 홍보용 영상을 제작했다면 gif 파일을 만드는 것은 무척 간단합니다. 웹, 모바일 앱 등 다양한 gif 파일 제작 도구가 있지만, 저는 그중에서도 설치 과정이나 워터마크 없이 제작부터 용량 조절까지 쉽게 할 수 있는 **EZGIF**(ezgif.com)라는 사이트를 이용합니다. EZGIF를 이용해 영상에서 gif 파일을 추출하는지 방법을 간단하게 살펴보겠습니다.

EZGIF에서 gif 파일 만들기

1. **EZGIF**(ezgif.com)에 접속한 다음 메인 화면 가운데 있는 **[동영상을 GIF로(Video to GIF)]**를 클릭합니다.

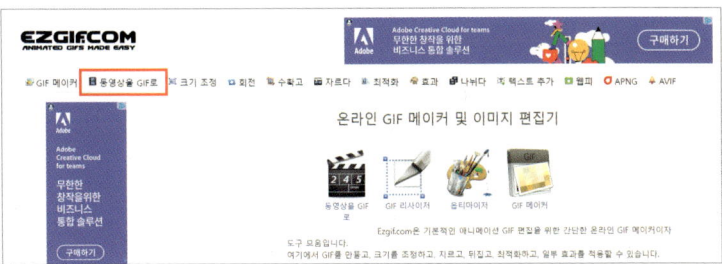

2. GIF 변환기 비디오(Video to GIF converter) 페이지로 이동하면 **[파일 선택]**을 클릭해 gif로 변환할 동영상을 선택합니다. 이때 gif로 변환할 동영상 길이는 2~5초 이내로 준비하는 것이 가장 좋습니다. 동영상 파일을 선택했다면 맨 아래 **[동영상 업로드(Upload video)]**를 클릭합니다.

   > **TIP** 사이트에 업로드된 영상에서 gif 파일을 추출하려면 아래 [또는 동영상 URL 붙여 넣기]에서 업로드한 영상의 URL을 활용하세요.

3. 크기, 프레임 속도(FPS), 방법을 설정해야 합니다. 상세페이지에 적합하게 설정하려면 크기는 **600px**, 프레임 속도는 **10**, 방법은 **FFMPEG**로 설정하세요.

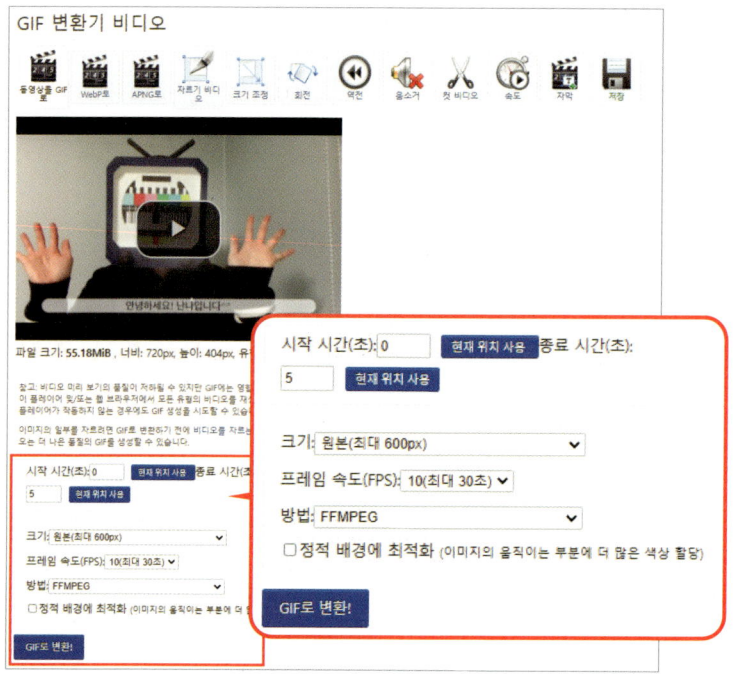

4. 마지막으로 변환된 [출력 GIF]를 확인하고 [저장]을 클릭해 gif 파일을 저장하세요. 이렇게 완성한 gif 파일을 상세페이지 제작에 사용하면 됩니다.

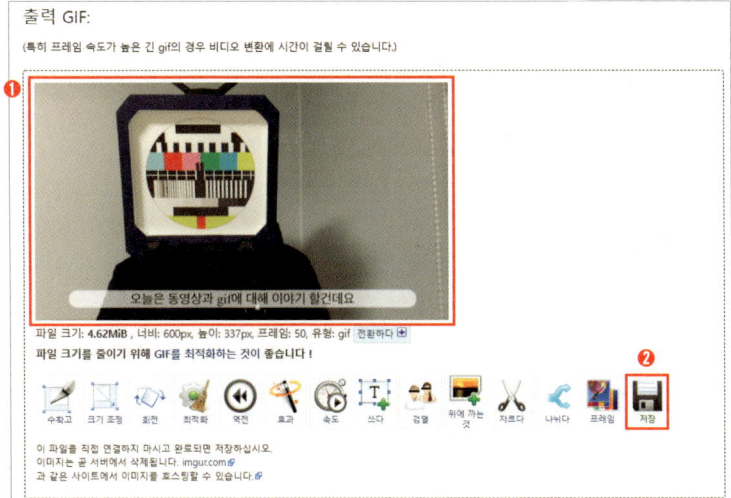

난나의 QnA | '프레임 속도(FPS)'가 뭐예요?

프레임 속도Frame Per Second란 1초에 표시되는 이미지 수입니다. 영상은 일종의 연속된 이미지로, 프레임 속도가 높다는 것은 1초에 표시되는 이미지 수가 많은 것이고, 프레임 속도가 낮다는 것은 반대로 1초에 표시되는 이미지 수가 적은 거죠. 즉, 프레임 속도가 높으면 높을수록 매끄럽고 부드러운 영상을 만들 수 있습니다. 하지만 용량이 늘어난다는 단점이 있죠.

물론 우리가 상세페이지에 활용할 영상은 대부분 제품 홍보 영상이므로 흔히 사용하는 FPS 10(최대 30초)으로 설정하는 것을 권장합니다.

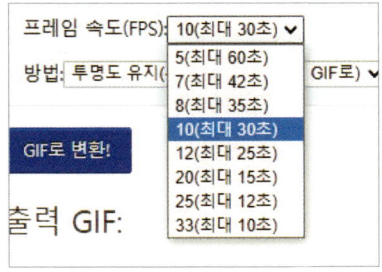

EZGIF에서 gif 파일 용량 줄이기

gif 파일은 jpg나 png와 같은 이미지 파일보다 용량이 크기 때문에 데이터 환경에 따라 이미지보다 늦게 뜨거나 아예 뜨지 않는 경우가 있습니다. 상세페이지를 보는 고객이 지하 주차장, 엘리베이터 등 인터넷 연결이 원활하지 않은 환경인 것을 고려해 gif 파일의 용량을 최적화하는 것이 좋습니다.

하지만 용량을 줄일수록 영상의 해상도가 떨어집니다. 그렇기에 gif로 변환할 동영상은 2~5초 이내로 준비하는 것이 가장 좋습니다. 또, gif 파일의 장점은 영상을 클릭하지 않고도 영상의 일부를 보여주는 것이므로 길이가 길면 매력이 떨어집니다. 따라서 최적의 재생 시간 역시 2~5초입니다.

그렇다면 최적의 용량은 몇일까요? 보통 10MB만 넘지 않으면 된다고 하지만 앞서 데이터 환경이 좋지 않은 고객을 고려했을 때는 **4MB**가 가장 좋습니다. 용량을 최적화하는 gif 파일을 만드는 과정과 비슷하게 간단합니다.

1. **EZGIF**(ezgif.com)에 접속한 다음 메인 화면 가운데 있는 **[최적화(Optimizer)]**를 클릭합니다.

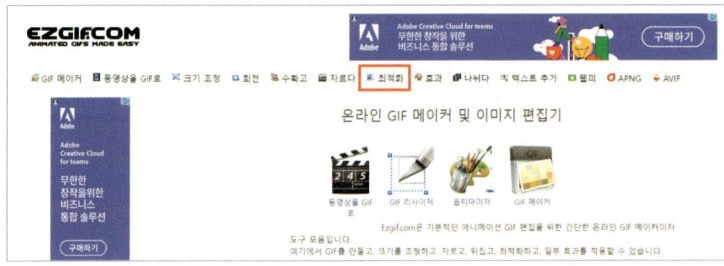

2. 온라인 GIF 최적화 페이지로 이동하면 **[파일 선택]**을 클릭해 용량을 줄일 gif 파일을 선택합니다. 파일이 첨부되면 맨 아래 **[업로드(Upload)]**를 클릭하세요.

3. 파일 크기를 확인하고 **[압축 수준]**을 선택한 다음 **[GIF 최적화]**를 클릭합니다.

   TIP 압축 수준의 숫자가 클수록 gif 용량이 줄어듭니다.

5층. 핵심 가치 제대로 어필하기

4. 마지막으로 최적화된 이미지에서 **파일 크기**를 확인하고 **[저장]**을 클릭합니다.

| 난나의 QnA | 4MB 이하인 gif는 해상도가 너무 떨어지지 않나요? |

옷이나 액세서리 등 시각적 효과가 중요한 제품군은 해상도가 떨어지면 제품의 퀄리티도 떨어져 보일까 염려될 수 있습니다. 이런 경우엔 인터넷 연결 환경이 원활하지 않은 고객이 다소 늦게 보더라도 고화질 이미지를 사용하는 것이 유리할 수 있습니다.

단, 이때는 영상 길이를 최대한 줄여 이미지가 뜨기까지 시간을 최대한 줄이는 것이 우선입니다. 열심히 준비한 파일이 아예 뜨지 않아서 노출되지 않는다면 그것만큼 아쉬운 게 없기 때문이죠. 여러 번의 테스트를 거쳐 내 제품이 잘 노출될 최적의 화질과 재생 시간을 찾아 보길 바랍니다.

5단계. 핵심 가치 비교하기

어떤 제품을 판매하든 경쟁 제품, 대체 제품은 있기 마련입니다. 시장에서 살아남으려면 고객에게 선택을 받아야만 하고, 선택을 받기 위해선 내 제품이 돋보여야 합니다. 경쟁 제품과 대체 제품이 넘쳐나는 시장에서 내 제품을 차별화하는 가장 효과적인 방법은 간단합니다. 바로 **비교하기**입니다. 경쟁 업체의 단점을 드러내면서 우리 제품의 장점을 언급하면 제품의 가치가 높아 보이는 효과가 있기 때문입니다. 물론 특정 경쟁 업체를 콕 집어서 비교하는 게 아니라 일반 제품에 비해 우리 제품이 가진 장점을 드러내는 방식으로 말이죠.

물론 비교 대상이 경쟁 업체만 있는 것은 아닙니다. 대체 제품도 있죠. 예를 들어 발열 조끼 대신 핫팩을 선택할 수도 있고 책 대신 온라인 강의를 선택할 수도 있으니까요. 따라서 비교하기 이전엔 비교 대상을 설정하는 것이 중요합니다. 이때 비교 대상은 반드시 앞서 **PART 1. 탄탄한 기반을 다지는 준비**에서 도출한 우리 제품의 장점을 가지지 못한 제품이어야 합니다. 무척 기본적인 것이지만, 의외로 기획을 하다 보면 비교가 명확히 되지 않는 경쟁 제품을 선택해, 비교하는 게 모호한 경우가 많습니다.

비교 대상은 반드시 비교 요소가 확실해야 합니다. 가령 원산지, 함유량 차이 또는 완전히 다른 분야의 제품이지만 대체할 수 있는 제품 등이 그 예입니다. 또는 내 제품의 장점이 일반 제품의 단점을 모두 보완할 수 있다면 일반 제품을 비교 대상으로 두는 것도 효과적이죠.

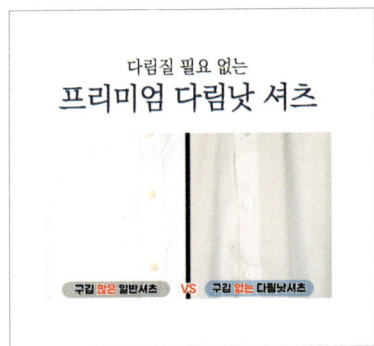
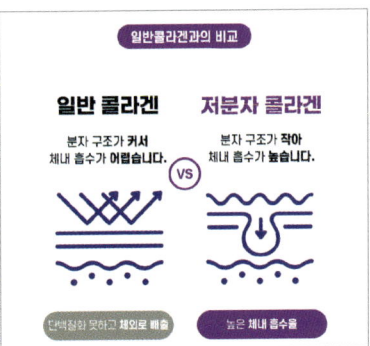

일반 제품을 비교 대상으로 삼은 예시 (출처: 다림낫(왼쪽), 얼라인즈(오른쪽))

타사 제품을 비교 대상으로 삼은 예시 (출처: 한국건강센터(왼쪽))

성분을 비교 대상으로 삼은 예시 (출처: 뉴엘라이프)

비교 효과를 키우는 닫힌 질문하기

비교 효과를 키우려면 비교 대상을 나란히 놓은 다음 고객에게 무엇을 선택할 것이냐는 질문을 하는 것이 좋습니다. 단, 이 질문은 판매자의 의도대로 선택할 수밖에 없는 **닫힌 질문**이죠. 실제로 이 방식은 TM 영업의 노하우로, 고객이 빠르게 '네', '아니오'라고 답하도록 유도하는 방식입니다. 예를 들면 다음과 같습니다.

열린 질문의 예

제가 **무엇을** 도와드릴까요?

어떤 제품을 원하시나요?

닫힌 질문의 예

제가 도와드릴까요?

A 기능이 있는 제품이 있고 B 기능이 있는 제품이 있는데 무엇을 원하시나요?

이를 상세페이지의 제품 비교하기에 적용하면 이런 질문을 할 수 있습니다. 우리 제품의 핵심 가치를 돋보이게 할 비교 대상과 나란히 놓고 고객에게 어떤 제품을 선택하는 게 도움이 될지 질문하는 것입니다. 물론 답은 정해져 있습니다. '우리 제품'이죠.

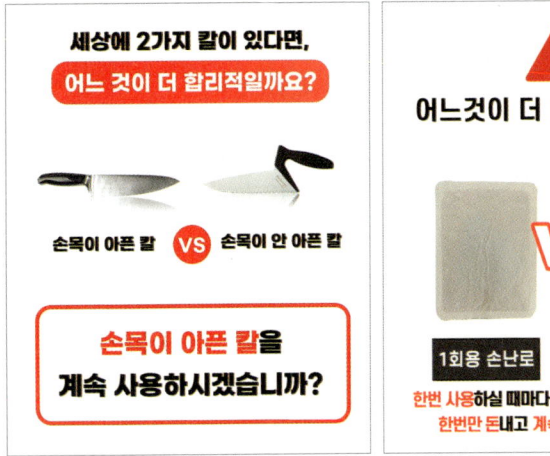 

닫힌 질문의 예 (출처: 웨베큐(왼쪽))

비교 효과를 키우는 숫자 활용하기

단순히 제품을 나란히 놓고 비교하는 것보다 더 큰 효과를 내려면 **숫자**를 활용하는 것이 좋습니다. 평점, 구매율, 순위 등과 같은 숫자를 활용하면 신뢰도를 극대화시키는 효과가 있습니다. 예를 들어 "매출 상승시키는 상세페이지 기획 방법"보다는 "매출 **100배** 상승시키는 상세페이지 기획 방법"이라는 카피가 훨씬 더 끌리듯이 말이죠. 물론 신뢰도를 높이려면 과장 없이 실제에 기반해야 합니다. 그러려면 숫자가 구체적일수록 효과적입니다.

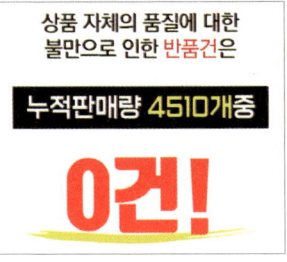

숫자를 활용한 신뢰도 높이기의 예 (출처: 주방공학연구소(왼쪽), 뉴엘라이프(오른쪽))

숫자를 사용하는 데도 방법이 있습니다. 바로 **단위를 크게 설정해 가급적 큰 숫자를 사용하는 것**입니다. 이는 식품의 용량 표시 방법에서 매우 쉽게 볼 수 있는데요. 가령 1g을 1000mg과 같이 작은 단위로 환산해 시각적으로 큰 숫자처럼 보이는 효과를 노리는 것입니다. 또는 60정이 든 제품을 판매할 경우 "1알 기준 75mg이 함유되어 있습니다!"보다 "총 4,500mg이 함유되어 있습니다!"와 같이 큰 숫자를 활용하는 것이 훨씬 시선을 잡아 끕니다.

큰 숫자를 활용한 예시

또는 **숫자를 돈으로 환산**해서 보여 주는 것도 좋습니다. 돈, 즉 가격은 구매를 결정하는 중요한 요소로, 아무리 제품이 좋아도 가격이 합리적이지 않다고 느끼면 고객은 구매를 망설입니다. 하지만 그 제품이 경쟁 제품 또는 대체 제품보다 훨씬 저렴하다면 어떨까요? 예를 들어 10만원 상당의 의료기기 구매를 가격 때문에 망설이고 있을 때 상세페이지에 "1회 검사 및 치료 비용 30만원 VS 평생 관리 비용 10만원! 1/3 비용으로 평생 관리하세요!"라는 문구가 있다면 어떨까요? 고객은 그 즉시 이 제품의 가격이 비싸지 않다고 느낄 것입니다.

 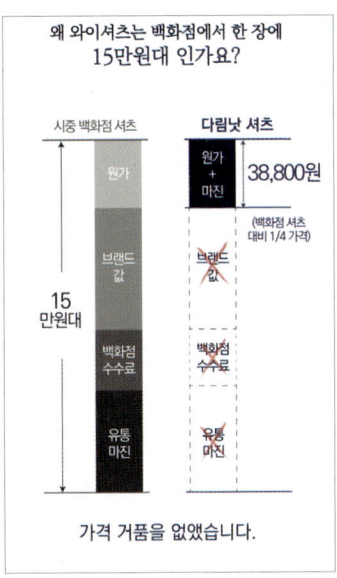

돈으로 환산하기의 예시 (출처: 다림낫(오른쪽))

이 숫자를 경쟁 제품 또는 대체 제품과 비교하는 데 활용하면 더욱 극적인 효과를 얻을 수 있습니다. 이는 우리 제품의 신뢰도를 높이는 것은 물론이고 가격 저항감도 줄일 수 있죠.

숫자로 비교하기의 예시 (출처: 다림낫(오른쪽))

> **난나의 QnA**　가독성을 높이려면 어떻게 해야 하나요?

상세페이지 기획을 잘했는데도 불구하고 가독성이 떨어지는 경우가 있습니다. 이는 디자인에 문제가 있기 때문일 확률이 높습니다. 예쁜 상세페이지가 구매전환율을 높이는 것은 아닙니다. 지금 다룰 내용은 '예쁜 디자인'이 아닌 '보기 좋은 디자인'으로, 디자인을 전혀 몰라도 놓치지 말고 지켜야 할 2가지 '간격'과 '톤앤매너'에 대한 이야기입니다. 특히 전문 디자이너에게 맡기지 않고 미리캔버스나 망고보드 또는 포토샵으로 직접 상세페이지를 제작한다면 다음 2가지는 반드시 주의해 주세요.

적절한 간격이 주는 가독성

어떤 문서든 마찬가지지만 특히 여러 구성 요소가 한 페이지에 길게 나열된 상세페이지에선 '간격'이 큰 역할을 합니다. 단순히 스크롤을 할 때 보기 좋을 뿐만 아니라 한 구성에서 다음 구성으로 넘어갈 때 관련된 내용을 중점적으로 보여 주고 전환하는 역할을 하기 때문이죠.

따라서 간격이 제대로 들어가지 않으면 어디서 내용이 이어지고 넘어가는지 파악하기가 어려워져 전달력이 떨어집니다.

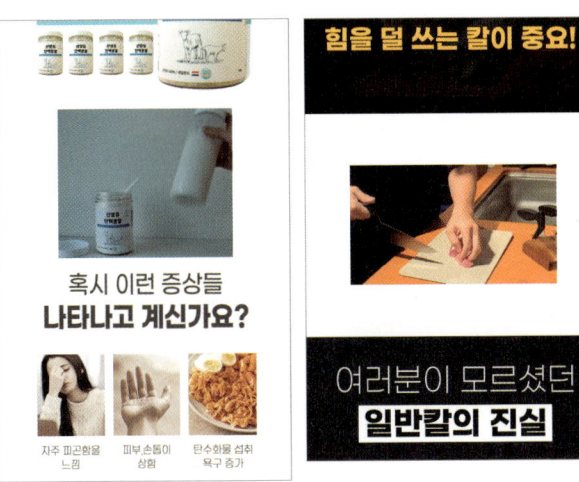

간격이 없는 예(왼쪽)와 간격이 적절히 벌어진 예(오른쪽)

왼쪽 상세페이지 예시를 보면 제품 이미지 다음에 간격 없이 바로 다음 내용으로 넘어가 흐름이 끊어지지 않고 계속 이어지는 것을 볼 수 있습니다. 반대로 오른쪽 예시는 적절하게 간격을 두고, 또 배경색으로 구분해 흐름이 바뀐 것을 금세 이해할 수 있죠.

이처럼 적절한 간격은 구성을 구분할 뿐만 아니라 강조하고 싶은 내용을 제대로 보여 주는 역할도 하므로 반드시 적절한 간격을 주길 권합니다.

톤앤매너, 간결한 폰트와 색상의 중요성

예쁜 것과 보기 좋은 것을 구분하는 것이 중요합니다. 예를 들어 손글씨 폰트를 제품 정보를 전달할 때 쓴다거나, 제목 크기로 본문을 쓰는 등 폰트를 역할에 맞게 쓰지 않으면 오히려 가독성을 떨어뜨리는 요소가 되죠. 색상도 마찬가지입니다. 예쁜 색을 이것저것 활용하면 오히려 지저분해지기 십상입니다. 이때 염두에 두면 좋은 것은 3가지 이하의 폰트와 크기 색상을 사용하는 것입니다.

특히 색상은 제품 사진이 들어가는 상세페이지 특성상 선택하기가 무척 어려운데요. 이때 활용할 수 있는 좋은 방법은 제품의 색상을 사용하는 것입니다. 제품의 색상 추출은 포토샵, 일러스트레이터 같은 그래픽 프로그램뿐만 아니라 미리캔버스, 망고보드, 그림판과 같은 다양한 도구에서 할 수 있습니다. 원하는 색상을 클릭해 간단하게 해당 색상 부호를 추출할 수 있죠. 그리고 이렇게 추출한 색을 응용해 전체 상세페이지의 톤을 만들 수 있습니다.

물론 색 감각이 뛰어나거나 디자인을 전공했다면 다양한 색을 활용해도 좋고 좀 더 다양한 디자인 요소를 이용해 꾸며도 좋습니다. 하지만 디자인을 잘 몰라도 간격과 색상 톤, 이 2가지만 잘 지키면 훨씬 깔끔하고 가독성 높은 상세페이지를 제작할 수 있습니다.

이렇게 폰트와 글꼴 크기 그리고 색상만 잘 잡아 두어도 깔끔하게 제작할 수 있는 것은 물론이고 제작하는 데 드는 시간도 훨씬 단축됩니다.

핵심 정리

- 핵심 가치는 리뷰, 평점과 같은 정성적 데이터를 활용한다.
- 핵심 가치를 고객에게 인지시키려면 '반복'해라.
- 하고 싶은 말이 많아도 과감하게 문장 다이어트를 해서 가독성을 높여라.
- 동영상, gif 파일을 활용해 호기심을 자극하고 클릭을 유도하라.
- 핵심 가치를 제대로 전달하려면 '비교하기'를 활용하라.

6층.
리뷰로 설득하기
고객은 반드시 '리뷰'를 본다.

어떤 제품을 사든 리뷰를 보는 건 이 책을 보는 여러분도 저도 마찬가지일 것입니다. 즉, 고객은 순서가 어떻든 반드시 리뷰를 보기 마련입니다. 아무리 매력적인 상세페이지를 완성해도 리뷰가 좋지 않은 제품은 구매까지 이어지기 어렵습니다. 그래서 많은 판매자가 좋은 리뷰를 받으려 이벤트부터 고객 응대에 심혈을 기울이죠.

이렇게 열심히 관리한 리뷰를 상세페이지에 활용하면 신뢰도를 높이는 데 무척 유용합니다. 판매자가 제품을 홍보하는 것보단 구매자의 "좋다"는 한마디가 훨씬 와닿기 때문이죠. 그렇다면 고객을 설득하려면 어떤 리뷰를 골라야 하는지, 또 어떻게 활용하는지 살펴보겠습니다.

■ 리뷰어의 정보를 공개하라

만약 여러분이 물건을 구매하려 매장을 방문했을 때 "이 제품은 다른 고객들도 많이 사세요."라는 말을 듣는다면 어떨까요? 바로 신뢰가 가긴 어려울 것입니다. 하지만 "이 제품은 40대 여성분들이 많이 사세요."라는 말을 듣는다면 어떨까요? 구체적인 정보에 솔깃하게 될 것입니다. 상세페이지의 리뷰도 마찬가지입니다. 단순히 어떤 리뷰가 있었다는 것보단 이름, 나이, 직업이 공개된, 즉 '나와 비슷한 고민을 했던 고객들이 구매한 리뷰'는 훨씬 신뢰가 가죠.

실제로 룩셈부르크 대학교의 심리학 연구원들이 한 실험을 한 사례가 있었습니다. 한 호텔에서 "이 방의 투숙객은 하루에 1인당 평균 1개의 타월을 사용했습니다."라는 안내 문구를 걸자 문구가 적힌 방에 머물렀던 사람들은 하루 평균 1.6개의 수건을 사용했다고 합니다. 문구 하나만으로 호텔에서 낭비되던 타월 수가 40% 가까이 절약되었죠.

이처럼 누가 어떤 리뷰를 썼냐에 따라 예비 고객의 구매의사를 결정할 수 있습니다. 물론 고객의 실제 정보를 모두 공개할 필요는 없습니다. 간단하게 이 리뷰를 쓴 사람이 '나와 비슷한 사람'이라는 것만 드러내는 걸로도 충분하죠.

예를 들어 운동 기구를 판매한다면 '10년 차 필라테스 강사', 또는 '현직 헬스 트레이너'의 리뷰를 활용하는 것입니다. 만약 제품의 타깃을 일반 가정집으로 잡았다면 그 반대로 집에서 사용했다는 일반 고객의 리뷰를 사용하는 게 효과적이겠죠.

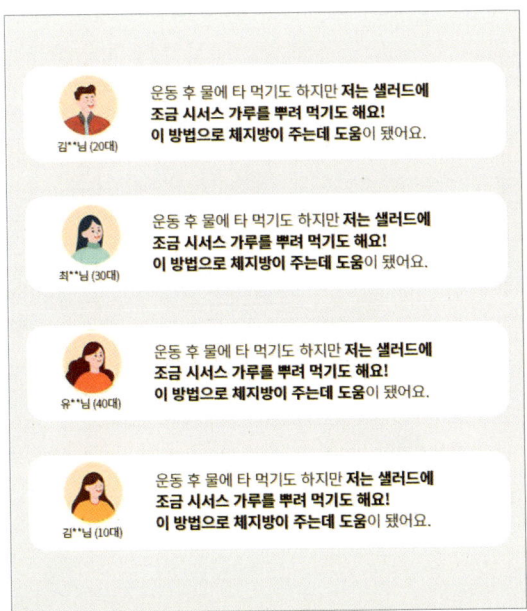

리뷰어의 정보를 활용한 예시

리뷰로 설득하는 전략의 핵심은 '나와 비슷한 사람'입니다. 따라서 제품의 타깃을 어떻게 설정했는지 고려하고 타깃과 나이대, 성별, 핵심 가치 등이 비슷한 사람들의 리뷰를 활용하는 것이 효과적입니다.

▬ '좋은 리뷰'는 전략적으로 강조하라

좋은 리뷰란, 단순히 제품을 칭찬하는 리뷰가 아니라 판매자가 드러내고 싶은 핵심 가치를 제대로 파악하고 언급한 리뷰입니다. 이런 리뷰야말로 상세페이지에 한번 더 언급할 요소가 되죠. 그러면 **5층. 핵심 가치 제대로 어필하기**에서 강조했던 핵심 가치를 전달할 수도 있고 신뢰도도 높일 수 있습니다. 이런 리뷰는 단순히 나열하는 것보다 전략적으로 강조하는 것이 좋습니다. 밑줄을 친다거나 확대를 하는 식으로 디자인 요소를 활용하는 것입니다.

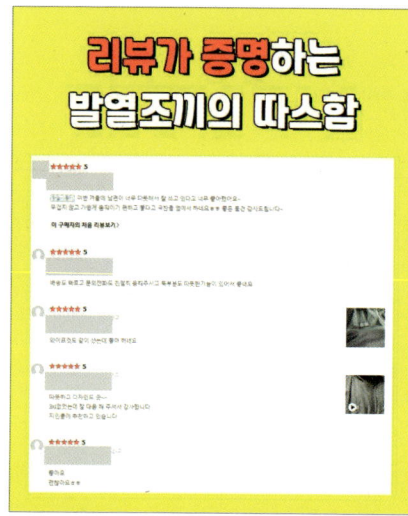 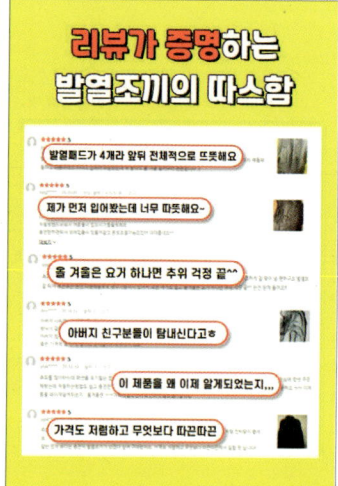

리뷰를 단순 나열한 예(왼쪽), 강조한 예(오른쪽)

이처럼 리뷰를 단순히 나열했을 때와 강조했을 때의 차이는 무척 크기 때문에 리뷰를 강조하는 데도 전략이 필요합니다. 우선 리뷰를 종류별로 나눕니다. '포장/배송'에 관련된 리뷰, '제품의 질'과 관련된 리뷰, '재구매'와 관련된 리뷰 등 고객에게 무엇을 전하고 싶느냐에 따라 상세하게 나눕니다.

이렇게 나눠 두면 "포장이 꼼꼼해서 좋아요!", "병이라 깨질까봐 걱정했는데 안전하게 잘 왔습니다!"라는 리뷰를 활용해 "배송 중 깨질까 걱정인가요? 안심하세요!"라는 문구로 제품의 핵심 가치를 전달할 수 있죠. 또는 "너무 맛있어서 재구매 했어요!", "○○은 무조건 여기서만 구매해요!"라는 리뷰가 있다면 "실제 구매자가 인정한 제품! 높은 재구매율"이라는 문구로 제품을 어필할 수 있죠. 즉, 강조하고 싶은 제품의 장점을 한 번 더 어필할 수 있습니다. 또는 리뷰만 보여 주는 구간에 강조해서 보여 주는 것도 좋은 방법입니다.

리뷰로 설득하기 예시 (출처: 홈밋(왼쪽), 뉴엘라이프(오른쪽))

6층. 리뷰로 설득하기

■ '좋은 리뷰'를 유도하라

고객들로부터 원하는 리뷰를 받는 것은 쉽지 않은 일입니다. 리뷰를 받는 것 자체도 어렵지만 평점은 높고 내용이 없는 리뷰, 평은 좋지만 평점은 낮은 리뷰 등 판매자가 참고 데이터로 쓸 만한 리뷰는 많지 않죠. 또, 이런 리뷰는 아무리 개수가 많아도 구매전환율을 높이는 데 도움이 되지 않습니다.

내용은 좋지만 평점이 낮거나 데이터로 활용할 수 없는 리뷰의 예

그렇다면 좋은 리뷰를 많이 만드는 방법은 무엇일까요? 우선 좋은 리뷰란 앞서 말했듯이 판매자의 핵심 가치를 제대로 언급한 리뷰 또는 제품 사진이 포함된 포토 리뷰입니다. 같은 제품을 팔아도 '좋은 리뷰'를 유도하려면 전략이 필요합니다. 실제로 이 방법으로 저는 같은 제품을 파는 경쟁 업체보다 더 많은 리뷰 수, 높은 평점을 받을 수 있었죠. 그 비법이 무엇인지 지금 바로 살펴보겠습니다.

배려를 담은 포장

택배 박스를 딱 열었을 때 "이 업체는 신경을 많이 쓰는구나."라고 느낀 경험이 있나요? 값비싼 제품이 아님에도 업체의 정성과 진심이 느껴지는 곳은 박스를 여는 순간부터 경험이 다릅니다. 물론 제품 가격 이상의 포장재나 전문가 수준의 포장이 아니어도 좋습니다. 하나를 담아도 정성을 담아 포장하는 것이 중요합니다. 만약 깨지거나 변질되기 쉬운 제품일수록 이런 포장에 담은 정성은 고객이 먼저 느끼기 마련이죠. 그리고 이는 자연스럽게 리뷰로 이어집니다.

꼼꼼한 포장에 대한 리뷰

이렇게 연결된 리뷰는 이후 '포장'에 대한 장점을 강조할 때 자연스럽게 활용할 수 있습니다.

정성 가득한 손 편지

소소하지만 제대로 전달되는 진심에는 노력이 따릅니다. 손이 많이 가지만 가장 확실한 방법 중 하나가 바로 손 편지입니다. 시간과 노력을 덜기 위해선 손 편지를 프린트하는 방법도 좋지만, 직접 쓴 글은 고객이 먼저 알아보죠. 물론 많이 팔리는 제품에 일일이 손 편지를 쓰는 것은 쉽지 않은 일입니다. 하지만 초기에 고객을 사로잡을 땐 무척 효과적인 방법입니다.

손편지로 받은 리뷰와 재구매 의사에 대한 리뷰

이렇게 전달된 감동은 재구매와 지인 소개 등으로 이어져 구매전환율이 상승하는 결과를 가져옵니다. 이 리뷰들을 상세페이지에 활용할 수 있는 것은 물론이고요.

깜짝 선물, 흔하지 않은 사은품 제공

선물을 반기지 않는 사람은 없을 것입니다. 하지만 같은 선물을 받더라도 어떻게 받느냐에 따라 반응은 완전히 달라질 수 있죠. 보통 사은품은 구매 제품 또는 업체에서 판매하는 제품과 관련된 것이 대부분입니다.

물론 이 방법도 좋지만 조금 더 차별화를 위해 남들이 주는 사은품보단 생각지 못한 사은품을 주는 것도 효과적입니다. 생각지도 못한 선물을 받았을 때의 경험은 훨씬 더 강렬하기 때문이죠. 물론 어떤 사은품을 주는지 미리 알려 주지 않는 것도 좋은 전략입니다.

사은품에 대한 리뷰

어떤 사은품이 우리 제품을 사는 고객에게 감동을 줄 수 있을지 고민해 보세요. 벤치마킹도 좋지만 남들과 다른 그 무언가가 우리 제품만을 찾는 단골을 확보하는 요소가 됩니다. 감성의 힘은 무척 크기 때문에 재구매, 좋은 리뷰, 제품 추천뿐만 아니라 이후 우리가 살펴볼 **7층. 브랜드 스토리**와도 연결됩니다. 늘 어떻게 하면 고객에게 감동을 주면서 소통할 수 있을지 끊임없이 고민하면 리뷰는 물론 팬을 형성한 브랜딩도 가능합니다.

■■ 협찬을 활용하라

평점도 높고 사진도 있고 판매자가 유도하는 핵심 가치까지 언급한 '좋은 리뷰' 수를 안정적으로 높이는 가장 편리한 방법은 바로 **협찬**입니다. 비용이 드는 만큼 가장 안전하죠. 많은 판매자가 블로그, SNS, 유튜브 등 다양한 채널의 인플루언서를 협찬하고 리뷰를 받는데요. 직접 인플루언서와 컨택하는 방법도 있지만 '레뷰'나 '리뷰 플레이스'와 같이 체험단 사이트를 통해서 진행하는 방법도 있습니다.

인플루언서와 직접 연락하고 진행하면 세세하게 가이드를 제공하고 원하는 대로 리뷰를 요청할 수 있지만, 체험단 사이트를 통하면 많은 인플루언서를 직접 모집하거나 관리할 필요가 없다는 장점이 있습니다.

체험단 사이트를 통해 협찬을 진행할 때는 제품을 받고 리뷰를 남기지 않는 크리에이터에 대한 보상 제도가 잘 되어 있는지, 모집 방식은 어떤지, 제품에 따라 모집은 얼마나 되는지 등을 사전에 알아보는 것이 좋습니다.

특히 모집이 잘되고 있는지 확인하는 것이 중요한데, 모집이 잘 되지 않는 체험단 사이트를 이용하면 인플루언서 선택의 폭이 매우 좁아져서 좋은 인플루언서를 만나기가 어렵기 때문입니다. 또, 여러 사이트를 이용할 경우 인플루언서가 겹치는 경우도 있는데 이를 얼마나 잘 관리하느냐는 체험단 사이트에 따라 다르니 꼼꼼하게 물어보고 또 확인한 다음 진행하는 것이 좋습니다. 대표적인 체험단 사이트 리스트는 다음과 같습니다.

체험단 사이트

- 레뷰 : biz.revu.net
- 링블 : ringble.co.kr
- 서울오빠 : seoulouba.co.kr
- 리뷰플레이스 : reviewplace.co.kr
- 파블로체험단 : powerblogs.kr
- 블로그원정대 : blog.naver.com
- 클라우드리뷰 : cloudreview.co.kr
- 에코블로그 : echoblog.net
- 리뷰통 : reviewtong.co.kr
- 디너의여왕 : dinnerqueen.net
- 체험뷰 : chvu.co.kr
- 택배의여왕 : tqueens.net
- 티블 : tble.kr
- 블로그체험단 픽미 : biz.pick-me.kr
- 오마이블로그 : ohmyblog.co.kr

체험단이 리뷰를 남겼다면 판매자는 이것을 활용해 상세페이지에 넣어 마케팅에 활용할 수 있습니다. 리뷰를 상세페이지에 넣을 때 상단 영역에는 포토 리뷰를 넣는 것이 가독성에 좋습니다. 가장 중요한 도입부는

지루하지 않게 짧은 카피와 사진으로 꾸미는 것이 시선을 끌기에도 좋기 때문이죠.

제품 페이지 리뷰를 활용한 상세페이지와 인스타그램 리뷰를 활용한 상세페이지
(출처: 워터포미(왼쪽), 뉴엘라이프(오른쪽))

비용을 지불하고 협찬 요청을 하는 만큼 원하는 사진, 리뷰를 받는 것이 중요합니다. 따라서 최소한의 가이드를 제공하는 것이 좋은데요. 가급적 인플루언서 본인의 얼굴이 나오도록 하되 제품을 들고 있는 사진은 필수입니다. 간혹 제품 사진을 게시물 맨 마지막에 배치하는 경우도 있으

니 여러 협찬 리뷰를 보고 원하는 가이드라인을 상세하게 잡아 두는 것도 좋습니다.

만약 리뷰 이벤트를 진행한다면 포토 리뷰 구간에 이벤트를 홍보하는 문구를 추가하는 것이 좋습니다. 또, 리뷰를 쓰면 혜택을 주는 이벤트를 진행할 땐 이벤트 홍보 문구 바로 아래 협찬을 진행했던 콘텐츠를 나열하는 것도 좋습니다. 물론 모든 리뷰는 '포토 리뷰'일수록 좋다는 것을 알리는 것도 잊지 마세요.

> **핵심 정리**
> - 리뷰의 신빙성을 높이려면 리뷰어의 정보를 공개하라.
> - 제품의 핵심 가치가 잘 드러난 리뷰를 골라서 강조하라.
> - '좋은 리뷰'를 유도하는 것도 전략이다.
> - 협찬으로 얻은 리뷰를 십분 활용하라.

7층.
브랜드 스토리

스토리가 있는 브랜드는 오래 간다.

드디어 탑 쌓기 마지막 단계 **브랜드 스토리**입니다. 브랜드 스토리는 나만의 브랜드가 있어야만 가능할 것 같지만 위탁 판매에도 충분히 적용할 수 있습니다.

탑 쌓기 준비 단계부터 6단계까지 잘 적용했다면 여러분의 상세페이지는 틀림없이 고객이 느끼기에 매력적인 구성일 것입니다. 이제 이 매력에 정점을 찍고 막강한 무기가 될 7단계 **브랜드 스토리**를 완성하면 고객은 단순히 제품 하나를 구매하는 사람이 아니라 여러분의 제품이라면 믿고 사는 단골, 나아가 팬이 될 수 있습니다.

브랜드 스토리란 내 브랜드가 고객에게 어떤 가치를 제공하기 위해 어떤 노력을 했느냐를 드러내는 것으로, 상세페이지에서는 주로 상단 또는 하단에 배치합니다. 단, 상단에 넣을 때 주의해야 할 점은 브랜드 스토리가 너무 길지 않아야 한다는 것입니다. 앞서 몇 번 언급했듯이 상단 영역은 무조건 제품의 매력을 어필을 하는 구간이기에 지루해지면 안 됩니다. 고객은 상세페이지를 자세하게 읽지 않는다는 것을 다시 한번 떠올리세요. 브랜드에 대한 자부심이 있는 것도 좋지만, 상세페이지를 읽는 고객에게 중요한 것은 브랜드가 아니라 제품입니다.

그럼에도 브랜드 스토리가 필요한 이유는 고객에게 기업에 대한 신뢰감을 주고 친밀감을 형성하기 위함입니다. 그렇다면 브랜드 스토리는 어떤 내용이 포함되어야 할까요? 대표적으로는 다음과 같은 주제가 있습니다.

1. 누가, 왜 만들었는가?
2. 어떤 시행착오가 있었는가?
3. 이 제품의 고객은 누구이며 어떤 가치를 줄 수 있는가?
4. 기존 제품 또는 브랜드와 어떤 차별점이 있는가?
5. 어떤 포부를 가지고 있는가? 또는 고객에게 무엇을 약속할 수 있는가?

이 모든 주제가 들어가도 좋고 일부만 있어도 좋습니다. 중요한 것은 고객이 진정성을 전달받을 수 있어야 한다는 것입니다. 공감대를 형성해 감정적으로 접근하는 것도 좋고, 신뢰를 얻는 접근 방식도 좋습니다.

주의해야 할 것은 스토리에 맞는 문구와 이미지를 활용하는 것입니다. 따뜻한 느낌, 신뢰를 주는 느낌, 친근한 느낌 등 전달하고 싶은 느낌에 맞게 톤을 만드는 것이 중요합니다. 전달력 높은 간결한 글쓰기는 기본이죠.

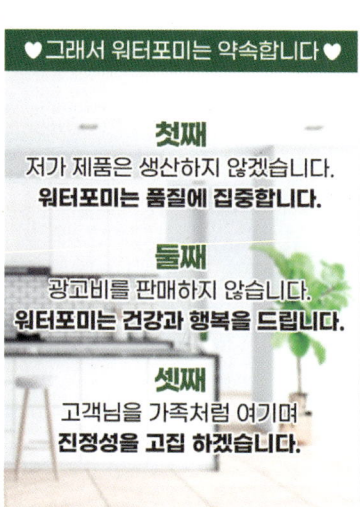

브랜드의 톤을 살린 브랜드 스토리의 예시 (출처: 워터포미)

브랜드의 톤을 살린 브랜드 스토리의 예시 (출처: 웨베큐)

앞서 좋은 리뷰를 유도할 때 사용했던 손 편지가 효과적인 이유는 정성이 전달되기 때문이라고 언급했었습니다. 이는 브랜드 스토리의 진정성을 전달할 때도 마찬가지입니다. 시선을 잡아끌기 위해선 진정성을 전달하는 것도 방법이죠.

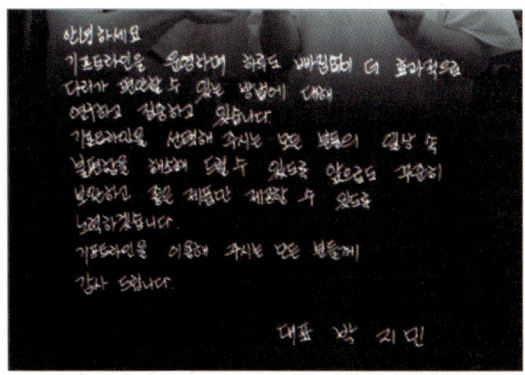

손글씨로 브랜드 스토리를 전달한 예시 (출처: 기프트라인)

이처럼 브랜드 스토리는 상세페이지에서 인간미와 신뢰성을 높일 수 있는 중요한 역할을 합니다. 자신의 제품, 브랜드에 맞는 브랜드 스토리를 만들어 구매전환율을 극대화시키고 단골 고객을 사로잡아 보세요.

난나의 QnA | 긴 상세페이지 vs 짧은 상세페이지

의외로 많은 판매자가 상세페이지의 길이를 고민합니다. 길고 짧다는 건 주관적일 수 있지만 상세페이지 제작 업체의 단가를 보면 어느 정도 수준이 길다, 짧다를 파악할 수 있는데요. 대체로 1만~2만px을 일반적인 길이라 보고 그 이후는 긴 상세페이지로 추가 금액이 붙는 것을 볼 수 있습니다.

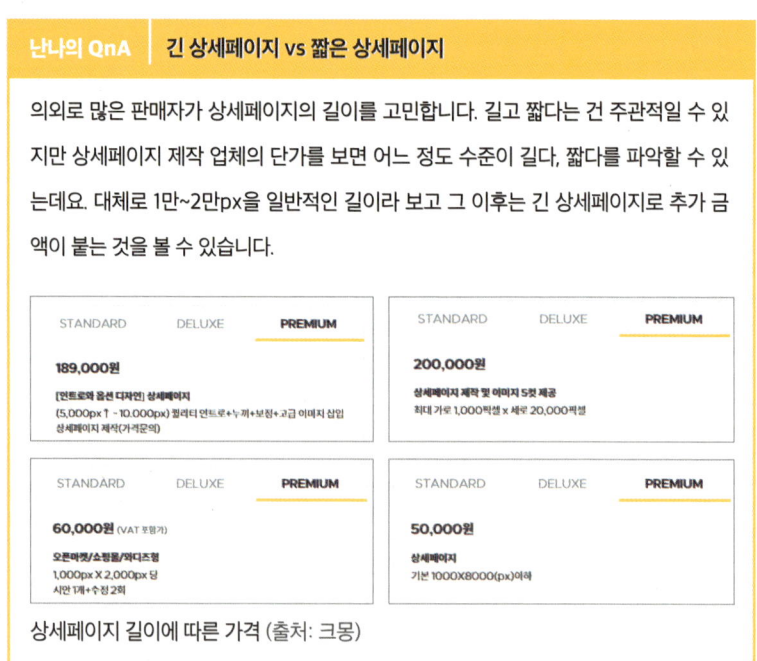

상세페이지 길이에 따른 가격 (출처: 크몽)

물론 무조건 긴 상세페이지가 정답인 건 아닙니다. 짧더라도 임팩트가 강하다면, 구매전환율과 연결될 것입니다. 하지만 짧은 길이에 임팩트가 강한 상세페이지를 만들기란 쉽지 않습니다. 실제로 발견하기도 쉽지 않아 벤치마킹하기도 어렵죠. 상세페이지가 짧은 대신 임팩트가 강하지 않으면 매력적인 상세페이지라 볼 수 없습니다.

7층까지 모든 내용을 꼼꼼히 보았다면 눈치챘겠지만, 지금까지 배운 내용을 하나씩만 다뤄도 짧은 상세페이지를 만들기란 불가능에 가깝습니다. 제품 자랑, 리뷰, 문제 도출-해소, 스토리텔링 등 이것저것 포함하다 보면 7만~10만px에 달하는 긴 상세페이지가 완성되죠. 기획과 제작하는 데 시간이 오래 걸린다는 단점이 있지만 그만큼 탄탄한 상세페이지가 탄생합니다.

결론적으로 상세페이지의 길이는 중요하지 않습니다. 중요한 것은 상세페이지라는 이미지 한 장에 '내 제품의 장점이 충분히 녹아 있는가'입니다. 길이보다는 내 제품을 가장 매력적으로 보일 요소가 모두 갖춰졌는지에 집중해서 기획하고 구성하길 바랍니다.

> **핵심 정리**
> - 브랜드 스토리는 고객에게 어떤 가치를 줄 수 있느냐를 전달하는 것이다.
> - 일관된 톤으로 브랜드 스토리를 전달하는 것이 중요하다.

하늘정원.
7단계 타워 밸런스 그 이후
잘 판매하기 위한 마지막 이야기

7단계 타워 밸런스는 상세페이지를 효과적이고 전략으로 구성하는 '도구'에 불과합니다. 중요한 것은 이 도구를 손에 쥐었다면 이제 어떻게 쓰느냐입니다. 따라서 마지막으로 7단계 타워 밸런스를 내 제품에 맞게 구성하려면 무엇이 중요한지 그리고 그 이후엔 무엇에 집중해야 하는지를 살펴보겠습니다.

▬ 잘 만든 상세페이지도 '노출'이 필요하다

7단계 타워 밸런스를 잘 적용하면 분명 매력적인 상세페이지가 완성될 것이라 확신합니다. 하지만 맛있는 음식도 먹는 사람이 있어야 하듯이 매력적인 상세페이지도 봐주는 사람이 있어야 합니다. 즉, 상세페이지를 읽어 줄 고객에게 **노출**이 되어야 하죠. 열심히 만든 상세페이지가 전혀 노출되지 않는다면 효과를 입증할 방법도 사라지는 것과 마찬가지입니다.

따라서 단순히 '상세페이지를 바꾸면 매출이 급증한다'가 아니라 **'같은 노출이어도 매력적인 상세페이지는 구매전환율을 높인다'**에 관점을 두어야 합니다. 상세페이지를 바꿨다고 마무리하는 게 아니라 여러분이 알고 있는 모든 마케팅 전략을 활용하길 바랍니다. 어떻게 하면 고객에게 내 제품을 알릴 수 있을지를 늘 고민하고 실행해 보세요.

■ 내 제품에 맞는 탑 쌓기

노출도 했고 7단계 타워 밸런스를 모두 적용했는데도 불구하고 매출이 오르지 않는 경우가 있습니다. 분명히 모든 요소를 넣었는데도 반응이 없다면 이 상세페이지가 타깃 고객에 맞게 구성이 된 것인지 다시 점검할 필요가 있습니다. 7단계 타워 밸런스에서 말한 요소를 모두 넣었다고 해서 좋은 상세페이지가 완성되는 것은 아닙니다. 내 제품과 고객에 맞게 어떻게 응용하느냐가 핵심입니다.

만약 상세페이지가 이 제품의 타깃 고객을 위해 만들어진 게 맞는지 아리송하다면 벤치마킹부터 다시 시작할 필요가 있습니다. 경쟁 업체는 물론이고 다른 카테고리의 제품까지 다양한 상세페이지를 분석하면서 어떤 포인트를 벤치마킹하는 게 효과적일지 시간을 들여 보는 것을 추천합니다. 단순히 '좋은 상세페이지인 것 같다'라는 막연한 느낌에서 '이러이러해서 좋은 상세페이지다'라는 확실한 정보가 될 때까지 말이죠.

충분히 벤치마킹을 했다면 다시 내 상세페이지를 찬찬히 보세요. 과연 타깃 고객이 필요로 하는 내용을 담고 있는지, 강조하고 싶은 내용이 제대로 전달되고 있는지 등에 초점을 두고 다시 본 다음 내 제품에 맞게 구성을 다시 해보는 것도 좋습니다. 예를 들어 앞서 '최상단에 진행 중인 이벤트를 넣는 게 일반적인 구성'이라고 설명했지만 내 제품을 구매할 고객은 리뷰를 중요하게 본다면 리뷰를 최상단에 배치할 수도 있고 리뷰에서 뽑아낸 핵심 가치를 배치할 수도 있겠죠.

탑을 쌓을 때 가장 중요한 것은 토대입니다. 기본기를 탄탄하게 다지기 위해선 많은 상세페이지를 보고 또 직접 구성해 봐야 합니다. 그러다 보면 어느 순간 제품만 봐도 어떻게 상세페이지를 구성하는 게 효과적일지 보일 것입니다. 틀 안에 갇히지 않도록 마음껏 응용해 보길 바랍니다.

찾아보기

A ~ Z

AI 타겟팅 093
EZGIF 138
FFMPEG 140
FPS 141
gif 137
HACCP 115
OEM 017
Optimizer 142
PDF 052
prime 업체 063
SEO 042
SNS 078
TV 홈쇼핑 078

ㄱ

가격 조사 039
가이드라인 041
객단가 100
검색량 035, 075
고관여 제품 101
고급화 전략 039
공급가 039
광고 반응 자랑하기 078
구매전환율 043
구매 확정 내역 047
군중 심리 074
기획서 051

ㄴ

네이버 쇼핑 036, 063
네이버 스마트스토어센터 034
노출량 041
누적 판매량 076
니즈 038

ㄷ

단어잇기 124
단점 리스트 131
닫힌 질문 147
데이터 071
데이터랩 032, 071
도입기 037
도입부 046, 085
동영상 타이틀 081
등수 074
디너의여왕 165
디자인 템플릿 060

ㄹ

라이브 커머스 078
레뷰 165
리뷰 045, 096
리뷰어 157
리뷰통 165
리뷰플레이스 165
링블 165

177

ㅁ

마감 효과 101
마지막 유입 경로 047
마케팅 분석 048
망각 곡선 133
망고보드 059
매입가 097
매출 조건 031
모그파일 057
문제 제기 107
미리캔버스 059

ㅂ

배송비 097
벤치마킹 049
부가세 097
브랜드 스토리 168
브랜딩 078
블로그원정대 165
블로그체험단 픽미 165
비교 효과 147
빅파워 020
빅파워 등급 021

ㅅ

사용성 042
사은품 162
상세페이지 018, 042

상위 노출 075
상품 검색 042
서울오빠 165
성숙기 037
성장기 037
셔터스톡 053, 058
소식 알림 쿠폰 086, 091
소싱 037
쇠퇴기 037
쇼핑인사이트 034
수명 주기 037
수상 077
수수료 097
순기능 108
순수익 097
숨고 064
스마트스토어 017
스토리텔링 121
스토어찜 086
스톡스냅 056
시장성 038
신뢰도 040
신빙성 075

ㅇ

아이템 031
알고리즘 086

어도비스톡 058
언스플래시 053, 055
에코블로그 165
열린 질문 147
영상 080
오마이블로그 165
워드 052
워터마크 061
위탁 상품 040
유도 효과 075
유입 경로 046, 047
유입 수 046
이미테이션 제품 042
이벤트 085
이탈 046
인기도 040
일러스트레이터 058

ㅈ

자랑거리 074
재구매 고객 091
저관여 제품 101
저작권 053
적합도 040
전체 고객 090
전환율 046
정성적 데이터 130

제품 사진 052
종소세 097
증정 이벤트 099
진입율 091

ㅊ

참여율 097
첫 구매 고객 090
체험뷰 165
최적화 142

ㅋ

카붐픽스 056
카테고리 042
크라우드 펀딩 024
크몽 062
클라우드리뷰 165
클로바 메시지 마케팅 093
키워드 도구 034

ㅌ

타겟팅 091
타겟팅 대상 090
타깃 069
타깃 설정 069
택배의여왕 165
톡톡 메시지 095
톤앤매너 153

티블 165

ㅍ

파블로체험단 165
판매가 039, 097
페이퍼스.코 056
평점 077
평점 낮은순 045
평점 높은순 045
포장 비용 097
포토 리뷰 096
포토샵 058
푸디스피드 056
프레임 속도 140, 141
플랫폼 042

픽사베이 053, 055
픽셀스 055
픽점보 057

ㅎ

해상도 142
해소 107
핵심 가치 130
핵심 장점 112
헤르만 에빙하우스 132
협찬 164

번호

7단계 타워 밸런스 022

감사의 말

보라 내가 새 일을 행하리니

이제 나타낼 것이라

너희가 그것을 알지 못하겠느냐

반드시 내가 광야에 길을 사막에 강을 내리니

- 이사야 43:19 -

먼저 나의 모습 이대로 사랑하시고 인도하시고
탑을 공들여 쌓아 올릴 수 있게 해 주신 하나님께
큰 영광을 돌리며 이 책을 바칩니다.

마지막으로 이 책이 출판될 수 있도록 애써 주신
출판사 임직원 모두에게
진심으로 감사드립니다.